太極泰斗　吳圖南　講授　馬有清　編著

U0116509

太極拳之研究

太極拳用架（快拳）詳解

商務印書館

太極拳之研究——太極拳用架（快拳）詳解

講　　　授：吳圖南
編　　　著：馬有清
攝影（用架示範）：馬有清
資料整理：那金萍　馬名駿
插圖攝影：馬名強　馬名龍
責任編輯：李德儀
封面設計：張　　毅
出　　　版：商務印書館 (香港) 有限公司
　　　　　香港筲箕灣耀興道 3 號東滙廣場 8 樓
　　　　　http://www.commercialpress.com.hk
發　　　行：香港聯合書刊物流有限公司
　　　　　香港新界大埔汀麗路 36 號中華商務印刷大廈 3 字樓
印　　　刷：美雅印刷製本有限公司
　　　　　九龍官塘榮業街 6 號海濱工業大廈 4 樓 A
版　　　次：2017 年 2 月第 1 版第 2 次印刷
　　　　　© 2005 商務印書館 (香港) 有限公司
　　　　　ISBN 978 962 07 3172 3
　　　　　Printed in Hong Kong

目　錄

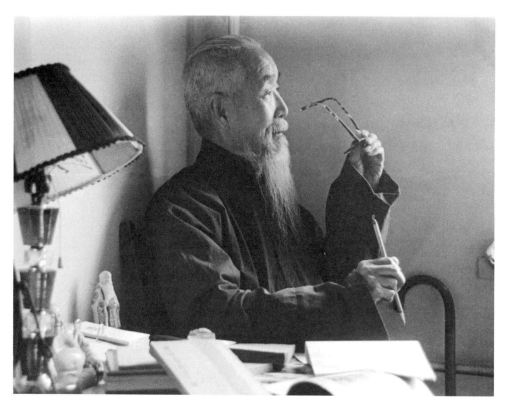

吳圖南在家中寫作

序

予幼而多病，先大父子明公嘗以不能長成為憂。今予已虛度98歲矣！（農曆1885年正月廿三日生）。足以慰先大父於地下！然予身體健壯悉如青年，其故何哉？由於研習太極拳使然也。

前曾著有《科學化的國術太極拳》、《內家拳太極功玄玄刀》、《太極劍》、《弓矢概論》、《國術概論》、《重訂日用百科全書》等著作，均由上海商務印書館出版，風行海內，備受歡迎。

近接國內外太極拳愛好者函請再有所著述，以先睹為快，予因工作太忙，且太極拳為予業餘愛好，並非以此為職業，故不暇及此。

故商之予之門生馬君有清，將予數十年來之有關養生長壽與太極拳之報告，以及日常講授之資料，融會貫通，陸續整理，分期出版，以滿足太極拳愛好者之希望，亦一快事也。

馬君有清天資英挺，才氣過人，從予研習太極拳近三十年，造詣頗深，予教以編著之法：「簡而明，信而通，引物連類，折之以至理。」方能實事求是。有清頗以為然。以後出版，將以吳述馬編之方式行之，以少費予之精力也。是為序。

1983年歲次癸亥正月二十三日
吳圖南序於北京萬安別墅

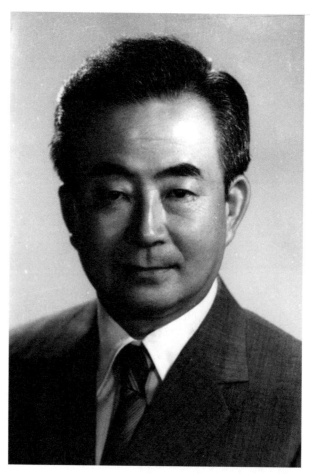

馬有清

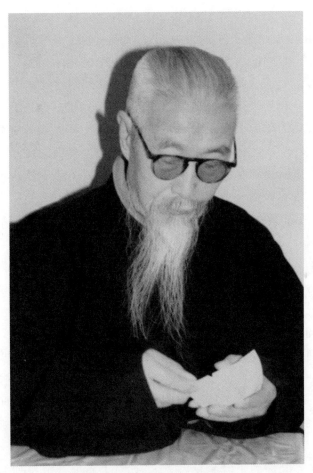

吳圖南在挑選太極拳用架照片

自　序

吳圖南先師（1885～1989），名榮培，蒙族人，蒙名烏拉布，是中國著名的教育家、考古學家、太極拳大成宗師。吳先師是著名太極拳家吳鑑泉和楊少侯的高徒。吳先師以一生大量的精力倡導太極拳的科學化、實用化、普及化。他治學的主旨是：強族強種、衛身衛國。他是近百年來承傳和宏揚太極拳的重要人物。吳圖南先師著述甚多，在武術和太極拳方面有：《科學化的國術太極拳》（1928）、《內家拳太極功玄玄刀》（1934）、《太極劍》（1935）、《國術概論》（1936）等，上述著作皆由上海商務印書館出版發行。雖然這些書都是吳先師的早期作品，但至今半個多世紀以來，各地書商大量翻印，仍在各地銷售。吳先師的著作一直是研習太極拳的重要讀物。為甚麼會這樣受歡迎呢？究其原因是：吳先師既有正宗高深的傳授，又有淵博的中外古今學識，他身懷精湛的武術和太極拳的絕技，他自己又達到了健康長壽的目的。他的造詣，是常人所不能及的，不愧是太極拳的泰斗、武林傑出的壽星。他的學說和絕技對太極拳的宏揚和發展，已經產生了深遠的影響。他的著述，不僅是中華民族的財富，同時也是全世界全人類的共同財富。

1983年，余為吳圖南先師慶賀他98歲生日時，吳先師曾叮囑余將其數十年來有關養生長壽與太極拳之報告，以及日常講授之資料，陸續整理，融會貫通，分期出版，以滿足廣大太極拳愛好者。余謹遵師命，於1984年7月經香港商務印書館出版了《太極拳之研究》首冊。這本書自出版之後，深受海內外讀者歡迎，到目前已印行了第五版。1989年吳先師仙逝後，余又遵照先師之囑託，以"簡而明，信而通，引物連類，折之以至理"之法，用實事求是的治學態度，陸續將吳先師之絕學《吳圖南太極功》和《吳圖南嫡傳打手要法》編輯成冊，又經香港商務印書館於2004年8月出版。這兩本書一經發行即暢銷海內外，截至目前也已經再版，並且和《太極拳之研究》首冊合成系列叢書，奉獻給讀者。

1984年出版的《太極拳之研究》首冊中"軼拳新呈"篇的例言裡，余曾寫道："此篇用架之全套動作解說之文字甚為簡單，因係依照吳圖南先生傳授時，由編著者所做之筆記加以修改而成。此次公開，目的只在於介紹。日後吳圖南先生與編著者將有專書另行出版。"又吳圖南先師演練的用架（快拳）全套拳照共計八十七幅，是余於1963～1964年期間親自給吳先師拍攝的。在首冊中只公開了四十幅，並未將全套拳照刊印在書裡，原因是準備日後將有用架之專著出版之故。

吳圖南先師在拍攝用架時對拳照質量和拍攝地點等條件要求甚高。首先，他要求所拍的拳照，不要出現身影，以免影響到拳照的效果；其次，拍攝地點要到北京西郊頤和園（萬壽山）半山上的景福閣（慈禧太后的寢宮）。這個閣前有個大罩棚。罩棚下是用大方磚鋪地，很是平坦。棚內的光照不甚強烈，適合拍照；再次，在景福閣拍拳，取其"頤和福壽"之吉意；最後，要求每幅照片的質量，盡量達到每個姿勢動作須是演練者精、氣、神的最佳位置。稍不滿意，即廢除不用，要重新拍攝直到滿意為止。所以吳先師的這套拳照，所費的功夫之大、耗時之多，實為罕有。

回顧吳圖南先師早期著作裡的拳照，全是他在五十歲前拍攝的。半個多世紀以來，吳先師從未拍過整套的拳照。在他晚年造詣到達頂峰的時候，能夠把瀕於失傳的用架，由吳先師親自演練並且保存至今，實為珍貴。吳先師生前十分喜愛這套拳照，他叮囑我說："咱們師徒只保存一套照片就可以了。不要把拳照贈送他人，以保持它的珍貴性。"吳先師還說："斯技旁門甚多，自古而然。他日當我榮歸道山之後，必有些不尚道德之人，攀龍附鳳，冒充是我的徒弟或傳人，以假亂真，混淆視聽，曲解我的學說和拳功，損害我的形象。到時候你要本着'既不冤枉古人，又不欺騙今人，更不貽害後代'的原則，忠實的把我的學術公諸於世，讓廣大同道去鑑別真偽，以保持我們世代承傳的統序和拳功的純潔性。"

2005年，適逢吳圖南先師一百二十歲冥壽。余謹遵師命，重寫太極拳用架。本書除了將用架的手、眼、身、步、腿的形態和要求寫明之外，還將這套拳的全部姿勢和動作以及應用方法，盡可能地詳加解釋，並刊印出吳圖南先師演練太極拳用架的全套照片八十七幅。這套拳照由余珍藏了四十餘年，此次貢獻給廣大同道和太極拳愛好者雅賞、研習和珍藏，這也是吳圖南先師和余所期望的。

馬有清
2005年清明節於香港

太極拳用架之源流

談到太極拳，吳圖南主張："練習太極拳首要注重健體養生，同時也不可忽略技擊應用，否則太極拳就不成為拳了。"他進一步解釋："夫太極拳者有體用之分，有大方舒展與玲瓏緊湊之別，有側重健體養生和側重技擊實用的兩種練法。"他說："前者就是現在流行的行功慢架，它的練法主要是緩慢又柔和的，其主旨專為鍛煉身體，以達到卻病延年、養生長壽的目的。而後者名為太極拳用架（又名快拳），即一切從實用出發，其學首重輕靈神速、活潑玲瓏、穩脆鼓盪、開合摺疊、提放並用、離粘凌空、應物自然、變化萬端、起止難測。"他又說："目前一些有條件深造的同道及愛好者，卻惜乎現在之練法，仍停留在健體慢練的階段，而未求百尺竿頭更進一步之努力。甚至有的主張愈慢愈佳者，愈無力愈為能者，失去了太極拳極其重要的實用價值。太極拳已不成為拳了，失掉了它原有的意義。以訛傳訛，實堪浩歎！"

太極拳為甚麼有兩種不同的練法呢？這還需要從楊露蟬（1799～1872）進京傳拳談起。楊露蟬帶着他的兩個兒子楊班侯（1837～1892）、楊健侯（1839～1917），由河北省永年縣進到北京。當時清室的親貴和王公貝勒〔註〕，多廣網異能之士。楊露蟬以武技冠燕都，被任命為神機營總教習。從之遊者有端王（載漪）、多羅淳郡王（載治）等八位王公貝勒，故楊露蟬曾被譽為"楊八侯"。

楊氏父子教王公貝勒練習太極拳，不能過於剛猛，故只授以輕柔緩和的健體養生之拳（即流傳至今的行功慢架）。而楊氏父子身為神機營總教習，為了恪盡職守，必然要有絕技在身，否則無法應付當時的環境。再者，當時神機營裡還有很多武術高手，如著名的"雄縣劉"劉仕俊（練岳氏散手）、練六合心意拳的郭雲深、練八卦掌的董海川、以摔跤著名的周大惠、大祥子等人，這些人的拳技都是暴打暴上的硬功夫。那麼又柔又慢的太極拳又怎能與他們周旋和應對呢？原來楊露蟬對太極拳十三勢之應用是多有研究和發揮的。他在原有的太極拳八門五步十三勢的基礎上，再充實進去各種實用的方法，即凡能顧及到的地方，都把它融合在一起，編成一套小架子即用架。這套用架從套路名稱上與行功慢架大致相同，只是用架裡沒有"打虎勢"和"雙風貫耳"兩個姿勢。據說這兩個姿勢是楊班侯後加到行功慢架中的。用架主要側重於技擊實用，當然原有的導引之術、按摩之術、經絡之術在用架裡仍然要顧及到的。因此這套拳不僅非常之輕靈小巧，在應用上還能夠出奇制勝。

這套用架是楊露蟬祖孫三代家傳之絕學，在當時從未宣露過。因為在那種險峻的環境中，必須秘惜自己的絕技，否則是很難賴以生存的。

吳圖南先師承傳的太極拳用架，是得自楊少侯的。楊少侯（1862～1930），名夢祥，是楊健侯的長子。楊少侯家學淵博，七歲從祖父楊露蟬及二伯父楊班侯學習太極拳功，又得其父之真傳，功屬上乘。楊少侯性剛強，善用散手，亦喜發人，有乃伯遺風（楊班侯以出手見紅著稱）。其拳架小而快速，即楊露蟬所傳之用架。楊少侯教人，好出手即攻，學者多不能受，故知之者稀。吳圖南先師說："用架為箇中之秘，師弟傳授者代不數人。用架的練法是以'勁'為主；以'凌空'為極至。進退轉換，迅速異常，求之今日，幾成絕響。"又說："余承少侯先師知遇，

慨然以用架相授，雖以余之不敏，何幸予有聞焉。不敢自秘，約而言之，供諸同好。"

在《太極拳之研究》首冊裡最後一篇文章"軼拳新呈"中，曾發表過吳圖南先師的錄音講話。吳先師說："這套小架（用架）在楊家是擇人而授的，我的老師對我很好，於是傳給我這些功夫。這些功夫在我心裡藏了這麼多年，我的徒弟馬有清潛心向學，是個大學生，年青有為。經中央建築工程部前副部長陳雲濤（螳螂拳家）的介紹，拜我為老師。他是我生平僅有的一個徒弟，原來我是沒有正式徒弟的，他又不怕費力，虛心鑽研，純功下了三、四年。我看他很誠意，是很好的學生。所以我就把這個用架傳授給他了。……希望馬有清把它發揚光大，為中國和世界太極拳運動服務。"

〔註解〕

清制的顯爵有五，即親王、郡王、貝勒、貝子、公。

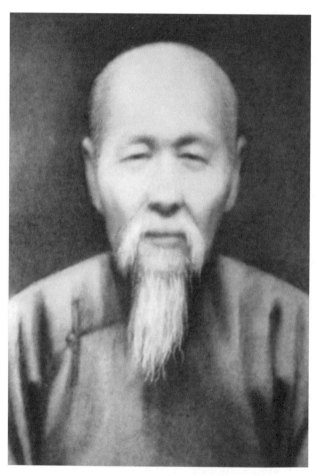

楊少侯畫像
（原畫像由編著者珍藏）

用架練法說明

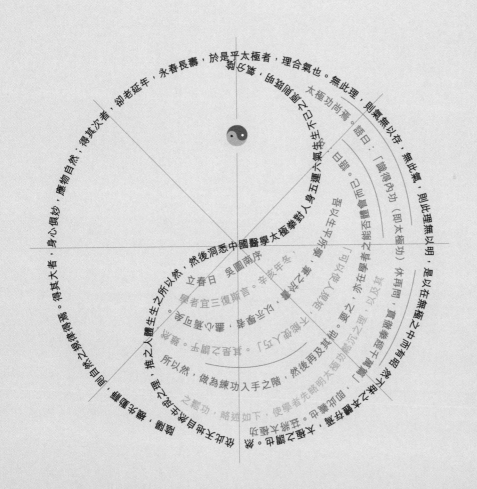

於是乎太極者，理合氣也。無此理，則氣無以行，無此氣，則此理無以明，是以在無極之中而有太極焉。

太極功尚矣。語曰：「鍊得內功（即太極功）休再問，真傳……」……亦在學者之能否體會耳。要之……其音之調也。

然後洞悉中國醫學太極拳對人身五運六氣生生不已之妙……

立春日　吳圖南序

學者宜三復斯言。辛亥年冬……

永春長壽……卻老延年……得其次者，身心俱妙，應物自然……得其大者……所以然，做為練功入手之階，然後再及其他……使學者先略明太極功之所以……之鬆功，略述如下：……

太極拳用架方位圖

太極拳亦名十三勢。十三勢主要表現為手之運動有八方，足之運動有五步，合而為太極拳之整體運動。十三勢又稱為八門五步。八門五步十三勢或可以解釋為太極拳的十三種方法。八門是以掤、攦、擠、按為四正方；以採、挒、肘、靠為四斜角，合而為八方。五步是以進、退、顧、盼、定，合而為五步。十三勢的設定和佈局，是十分科學的。它把人設定在中央位置上，然後利用八門五步去控制空間和周圍，使自己獲得更完善的導引鍛煉，又可以為應敵攻守，奠定了全勝的基礎。

太極拳用架之所以快捷凌厲，實為十三勢之加速度，因此又名快拳。故用架必須嚴格按照十三勢設置的方位去演練，否則謬矣。

十三勢之方位圖如下：

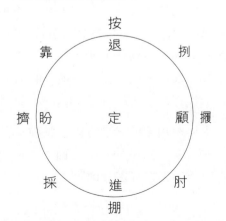

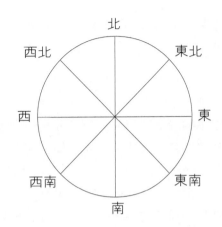

上圖所繪太極拳十三勢為一圓形，設定"人"站立在中心的位置上，當其面南站立時，其前方為南，後方為北，左方為東，右方為西，即方位圖所表示之四正線（四正方）；另外，其左前為東南，左後方為東北，右前方為西南，右後方為西北，即方位圖所表示之四斜線（四斜角）。本書用架之方位說明，亦依此而設定。

太極拳用架之手、眼、身、步、腿的形態和練法的説明

太極拳用架，以短小快捷，用法凌厲著稱。它不同於太極拳行功（慢架）的緩慢鬆柔的練法。用架必須充分具備太極拳十三勢的基本理法，還要具備它獨有的出奇制勝的用法。因而用架的手、眼、身、步、腿的形態和練法，既要有武術太極拳應具有的共同點之外，還要有它獨具的特殊點。這樣才能顯示出用架的特色和絕技。現將用架的手、眼、身、步、腿的各項形態與練法分別説明如下：

一、用架之手型與練法：

用架的手型分為指、掌、拳、鈎四種，現將其練法分述如下：

1. 指：

太極拳用架裡，"指"的運用很多，如"杈子手"就十分典型。用架的"杈子手"的變化就有"上下杈子手"、"左右杈子手"、"正反杈子手"（又稱挽手）……等。"杈子手"就是"指功"的應用。用架裡的指型有：

單指：即將大指、中指、無名指、小指皆屈握，而獨伸食指。傳統稱此指型為金剛指。用架以此做定向之用。應對時以食指"輕點"為觸動對方之用；以"重點"為點睛（封殺敵眼）及閉穴（點閉敵的穴位）之用。

雙指：即將大指、無名指、小指皆屈握，而獨伸食指與中指。傳統稱此指型為金剪指。又稱劍訣指。杈子手多用此指型應敵。

三指：即將大指、小指皆屈握，其餘食指、中指、無名指三指獨伸。傳統稱此指型為三陰指，又稱鼎指。杈子手亦可用此指應敵。

四指：獨握大指，其餘四指皆伸出。傳統稱此指型為金鏟指。

上述四種指型，功用甚多，用架的點擊、閉穴、掐筋、拿脈等皆用指功。因此練者如無勁、氣之功，則不易使用。練者最好先練精太極功及其中專門操練指功之功法為宜（如扭轉下擸、拿舔手、啄勁功、杈子手等功法，可參照《吳圖南太極功》，頁44～46）。太極功是太極拳的基本功法，以它做為築基和致用的根本大法。故太極拳在傳統的承傳上，一直是以套路為"衣"，以功為"法根"的。

2. 掌：

太極拳用架的掌型有以下幾種：

平掌：五指平伸，掌心向下或向上，指尖向前，五指舒鬆分開。

立掌：五指上指，掌心向內或向外，指尖向上，五指舒鬆分開。

側立掌：五指上指，掌心向左或向右，掌的小指側向外，指尖向上，五指舒鬆分開。

掌之用法在用架中有：劈掌、切掌、挑掌、撩掌、舐掌、穿掌、按掌、拍擊掌、插擊掌、刁摟掌等，但是在用架裡獨特的掌法有：點、擊、推、按四法合一之用。

點：雙手手心向下，以十指尖端，向前舒指點擊，快速輕脆，一點即回，如針之刺，如雀之啄，無絲毫之遲滯。

擊：雙手手心向前，以十指第二、三節向前擊出，勁向前發如敲擊之狀，一擊即回，宜快速毫無遲滯。

推：雙手手心向前，以雙手掌骨及手心，向前鬆腕推擊，勁向前發如推物狀，亦應快速而毫無遲滯。

按：雙手手心向下，以雙手掌根和手心，向下踏掌按擊，手心要凸，十指微上翹，一按即回，宜快速而毫無遲滯。

掌之運用，手腕能否靈活影響甚大，如：

掛掌：平掌掌心向上，由前而內而後，攏指旋腕而掛。

刁掌：平掌掌心向下，以小指領引，由前而外而後旋指旋腕而刁。

至於側立掌在用架裡有"一砍破四用"之說，即以側砍之掌，破"點、擊、推、按"四法。

3. 拳：

太極拳用架裡的拳型是：要求五指屈攏，大指壓在食指及中指的第二節上。拳形要舒腕平整，即拳面、拳心、拳頂、拳底四面皆平，不得出現凸凹為佳。用架主要分為平拳和立拳：

平拳：即拳心向上或向下，拳面向前。

立拳：即拳心向左或向右，拳面向上或向下。

拳之用法在用架中有：沖拳、撩拳、砸拳、貫拳、點拳（扣打）等，但是在用架裡以"五捶"為主要的用法。"五捶"即搬攔捶、肘底捶、栽捶、撇身捶、指襠捶。

4. 鈎：

太極拳用架裡的鈎型是：腕向下舒鬆，五指鬆攏下垂，五指指尖聚攏如梅花狀，又稱梅花鈎。鈎的五指攏實貼緊稱實鈎；五指鬆開不聚攏稱虛鈎。用架裡，鈎的用法很獨特，有鈎發"六勁"之用，用法如下：

鈎勁：以小指及小指根，由外而內而下，如垂釣之鉤，鉤鎖而拿之。

掛勁：以小指及小指根加掌骨，由外而內而下，扯掛對方，以備發放。

鋸勁：以小指及小指根加掌骨側，向下壓鋸對方，令對方下仆。

錯勁：以小指根及小指之掌骨側，向上反旋而搓錯之，令對方反仰而傾跌。

抖勁：以腕部之橈骨側（位於拇指一側），向前上方抖擊對方頭面，或粘緊而發放之。

彈勁：緊攏食指、中指、無名指、小指，迅速以大指由下向上向後反彈，此彈指為用架獨有之用法。應用在"靠"法時，有"揚臉彈指"以利發放之法。

二、用架之眼的練法：

太極拳用架裡，眼的練法與要求很嚴格。用架每個姿勢或動作，無論是起、落、進、退、屈、伸、俯、仰，都必須用眼配合。眼必須與手、身、步在時間和速度上"同步"配合，才能避免因凸凹、斷續、缺陷而出現漏洞，減少因失誤而遭受攻擊。用架所以能"用"能"快"，主要靠眼的"顧"、"盼"轉移身體和變換位置，從而達到攻守全勝的目的。"顧"和"盼"是十三勢的兩個重要法則，但是兩者全講的是"眼"。可見前輩先師在創編十三勢

時，對眼的運用很是重視。練用架時，眼既不可以斜視，瞳孔在眼眶中也不可亂動。要凝神專注。更不可以瞇眼閉目，失掉了練拳養生致用的大法。練用架時的眼界（視線的範圍）要合理，要收放有度。一般來講，拳勢在運行中，眼不離手；拳勢在到位時，要放寬眼界。這樣在應用時，既能照顧自身，也能監視敵人的來犯。

眼是顯示精神的器官，練拳時精神要提得起。精神能否提得起，又與養氣存神有關。甚麼是"神"？吳圖南先師曾解釋："精和氣是物質，二者所產生的作用是神"。他又具體解釋："精這裡指的不是生理上的精，是指五穀精微的精；氣是指呼吸和氣遍周身的氣，這兩種東西融合到一起，所發生出的光芒就是神。"所以練習和使用用架時，就不僅是"純以意行"的事了，用架除了要"招"、"勁"並用之外，還應當"純以神行"，才能達到高深的境界。

三、用架之身的練法：

身法在太極拳用架的練習與應用中極為重要，因為任何拳術都不可以捨身法而言手腳功夫的。太極拳最基本的要法就是十三勢，十三勢的"五步"（進、退、顧、盼、定），簡約的講就是身法的基本準

則，換句話講，如果沒有"五步"，又怎樣去運用掤、攦、擠、按、採、挒、肘、靠諸拳法呢？

太極拳裡要求身法的形態標準很多，諸如：提頂、豎項、涵胸、拔背、鬆肩、垂肘、舒腕、展指、鬆腰腹、裹襠、溜臀、鬆膝、鬆足。這些形態的要求表面看來似乎很繁複，其實練者不必從字義去求這些形象，經驗證明，愈深究這些詞句，反而使練者更呆板和僵化，甚至弄巧成拙，產生不良後果。要弄清楚這些詞句的含義，只須要從它的反面去分析對照，也就可以理解了。諸如：提頂與豎項，就是不要丟頂和歪項，頭容正直、精神提起就可以了。又如：鬆肩，就是不要向上端肩，不要向前扣肩和向後背肩，左右兩肩要平，不可一高一低。鬆肩就是肩的前後、上下均衡地自然放鬆就可以了。又如：鬆腰腹，很多人以為腰指是腰的背側，愈講鬆腰愈感覺腰部緊張。其實太極拳裡所講的腰是包括整個腰圍，即包括腹部與兩肋在內的。鬆腰必須鬆腹，腹鬆和兩肋放鬆之後，腰也同時放鬆了。又如：溜臀，就是不要凸臀、凹臀，要保持臀與脊椎（包括尾椎）中正就對了。總之，上述的多種形態的要求，只不過要求練者保持和順乎人先天的自然狀態而已。練者只要

做到中正安舒和純任自然，身法和形態就差不多夠標準了。

太極拳用架（快拳）與行功（慢架）不同的地方，在於用架架勢小巧，身法要低。故練者若有較紮實的太極功做基礎，那麼再練用架就比較容易上手了。

用架的身法概述如下：

進身：矮身而進、身隨步移；

退身：縮身而退、步先身後；

起身：提頂長腰、仰之彌高；

伏身：涵胸收腹、俯之彌深；

蹲身：鬆腰屈膝、溜臀直蹲；

轉身：左顧右盼、旋腰轉向；

翻身：摺疊身軀、前後轉體；

披身：側身避敵、狀若披衣；

撤身：橫轉翻身、半仆迎敵；

斜身：隅向變位、步正身斜；

靠身：擦地而進、肩靠七寸；

貼身：黏黏連隨、貼身待發；

閃身：重手不接、閃身空敵；

騰身：踏地騰空、躍步進身。

四、用架之步的練法：

太極拳用架（快拳）的步型與步法如下：

弓步：兩腳前後分開，兩腳尖向前，前腿弓膝，重心在前腿；後腿蹬直，後腳

掌着地，兩腿形似弓形，又名弓蹬步。

馬步：兩腳左右分開，屈膝半蹲，兩膝對正兩腳尖，兩腳掌着地，重心在兩腳，又名騎馬步。

丁虛步：兩腳前後開立，一腿屈膝蹲坐，另一腿微屈，腳面繃直，腳尖點地，立於重心腿之前方或側方，又名虛丁步。

仆步：兩腳前後開立，一腿屈膝全蹲，另一腿伸直橫開，兩腳尖朝前，重心在仆蹲之腿，又名半仆步。

獨立步：一腿直立，另一腿提膝置於胸前，小腿下垂護襠，重心在直立腿。

騰跳步：一腳踏地，騰空起跳，另一腳前擺，落地變步。

背步：兩腿交叉屈膝全蹲，前腳腳尖外展，重心坐於前腳，後腳跟離地，臀部坐於前小腿上，又名歇步。

自然步：兩腳併立，腳尖向前，兩腳間隔約為一立腳寬，重心在兩腳。

拗步：左腳在前，右手在前，上下肢相拗；同樣右腳在前，左手在前，上下肢相拗。

順步：左腳在前，左手亦在前，上下肢順在一邊；同樣右腳在前，右手亦在前。

隅步：兩腳立在斜向隅線上，兩腳間距前後約半個橫腳，左右約一個半橫腳，

無論是坐步和弓步，皆稱隅步。

正步：兩腳立在正向正線上，兩腳間距前後為一橫腳長，左右為一橫腳寬，無論是坐步或弓步，皆稱正步。

用架使用的步型與步法，除上述各種之外，用架還主要使用它獨有的步型與步法：

連枝步：一腳直，另一腳斜向四十五度角，兩腳跟虛相靠攏，其形態如樹木之枝椏狀，故名。

跟步連枝：前腳直走，後腳斜跟。

過步連枝：前腳斜上，後腳過前腳直上一步再跟步。

丁虛連枝：一腳蹲立，另一腳虛腳跟，以腳尖立於實腳（即蹲立之腳）前方或側方，或稱虛丁連枝。

同氣連枝：用各種連枝步連貫互變串走，要求一氣呵成。

連枝步法在用架裡，運用得極為輕靈奇巧、沉着快捷，進退轉換、出神入化。故練者應首先練熟太極功中的各種身、步功法，則用架不難入手了。

五、用架之腿的練法：

太極拳行功（慢架）的各種腿法如：蹬腳、踢腳、二起腳、擺蓮腳等，都包括在

用架之中。這些腿法都踢蹬得較高，可稱之為高腿。高腿在應用時，由於是一腿獨立承重，另一腿高起攻擊，失重的危險較大。拳術家都有所禁忌，認為非不得已不輕易起高腿。諺語說：“遠不加手、近不加腿”，就是這個意思。用架裡的高腿有如下幾種：

蹬腳：一腿獨立舒直，另一腿提膝後再將小腿用腳向外蹬出，腳尖向上，腳跟外蹬。

踢腳：一腿獨立舒直，另一腿提膝後用腳面向前上方踢出，腳尖向前，腳面繃平。

分腳：一腿獨立舒直，另一腿提膝後將小腿用腳向側方分踢，腳尖向側前方伸踢，腳面繃平。

二起腳：縱身起跳，一腿前踢之後其腳甫及著地，另一腿迅速向前連踢，兩腳起踢時，腳尖向前，腳面繃平。此腿在用架裡又名二起蹦子。

擺蓮腳：一腿獨立舒直，另一腿提膝後將小腿舒伸在體前，由裡向外前方擺踢，腳尖向前，腳面繃平。擺踢時單手拍擊腳面，稱單擺蓮腳；雙手拍擊腳面，稱雙擺蓮腳。

用架因拳架小巧，靈活沉著，故在應用時，擅長使用短腿（矮腿），以利於近距離之使用。其腿法主要有以下幾種：

踢：蹲身，以腳尖蹴物，即繃腳面，吸腳心，用腳趾尖端向前鬆勁平踢，一踢即回，如戳物狀。勁發於腳尖。

踩：蹲身，腳趾上鈎，吐腳掌，吸腳心，用腳掌向前下方平踩，一踩即回，如踐物之狀。勁發於腳掌。

踏：蹲身，揚腳面，鈎腳尖，吐腳心，向前下方平踏，一踏即回，如踏物之狀。勁發於腳心。

蹬：蹲身，揚腳面，鈎腳趾，吸腳心，向前下平蹬，一蹬即回，如端物之狀。勁發於腳跟。

鈎：蹲身，腳趾上揚，蹬腳跟，用腳尖向前上方鈎挑，一鈎即鬆腳面摘鈎而回，如鈎物之狀。勁發於腳尖。

掛：蹲身，鈎腳尖，吐腳心，以腳跟向前向外旋掛磕踢，一掛即鬆摘腳跟而回，如掛摟物之狀。勁發於腳跟。

上述皆為用架裡短腿之用法。擅長使用腿法，不僅穩固重心支撐全身的重量，還可以影響到拳腳的敏捷性，所謂“舉足輕重”也。太極功的功法裡，腿功有“四功”的練法，即：左右斜彈、左右鈎踢、鈎掛外旋、盤踢鈎掛。練者可參考研練。

用架詳解

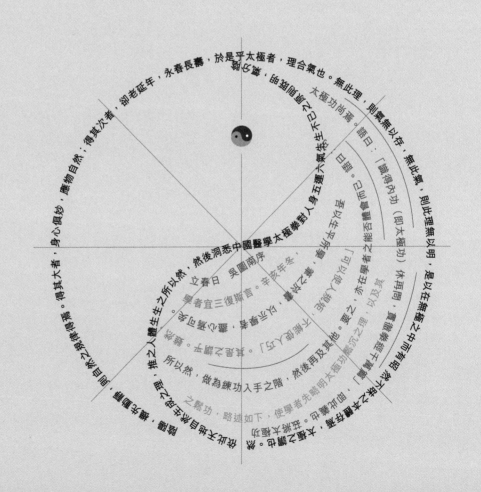

迴乎太極者，理合氣也。無此理，則氣無以存；無此氣，則此理無以明，是以在無形之中而有象焉……太極功尚焉。語曰：「識得內功（即太極功），休再問……其道斯畢。」……亦在學者之能否體會而已耳。

永春長壽，於是乎太極長壽，卻老延年，得其次者；應物自然，身心俱妙，得其大者……推之人體生生之所以然，然後洞悉中國醫學……太極拳對人身五運六氣牽生不已之為……

所以然，做為練功入手之階，然後再及其他，略述如下，使學者先略明太極功陰陽消沉之理，明乎太極陰陽……「導其土藏毒血歸宿之理……學者宜三復斯言。

辛亥年冬 立春日　吳圖南序

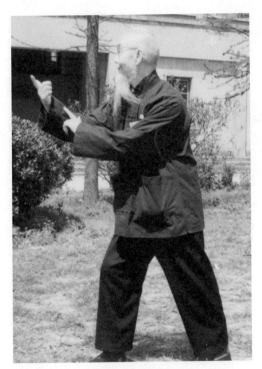

吳圖南練攬雀尾勢

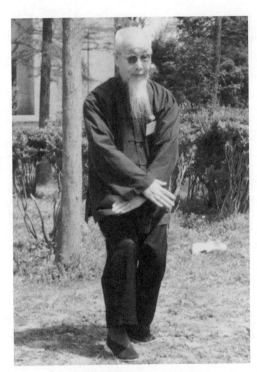

吳圖南練用架下杈子手勢

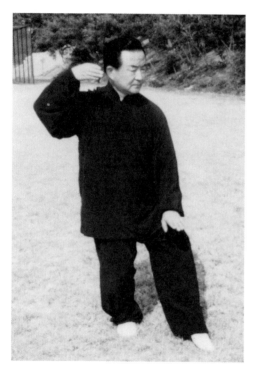

馬有清練抱虎歸山勢

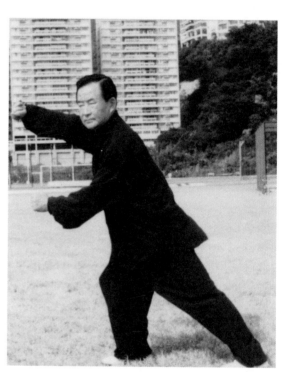

馬有清練彎弓射虎勢

用架各勢名稱目次

用架的姿勢詳解

（太極泰斗吳圖南示範。本輯拳照由馬有清所拍，攝於 1963 ～ 1964 年，頤和園景福閣前。）

太極勢

太極勢者，其勢動靜未分，神舒體靜，純任自然，以備應物。

1. 練者面南站立，兩腳站自然步。頭容正直，不偏不倚。涵胸拔背，裹襠溜臀。兩臂鬆垂，舒腕按掌，掌心向下，指尖向前。舒鬆兩膝，重心鬆沉於兩腳。呼吸自然。

意在兩掌，眼平前外視。（如圖一）

2. 兩臂向前舒伸，以兩手腕引領鬆兩腕前提，高不過肩。然後下鬆兩腕，十指向前下方展落，掌心向下，指尖向前，兩掌平按於兩胯旁。

意勁在兩掌，眼平前外視。

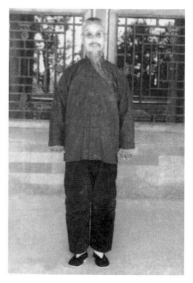

圖一：太極勢

攬雀尾

攬雀尾勢由三個姿勢組成，即杈子手、雀起尾、鳳凰三展翅。三勢合一為攬雀尾。

1. 杈子手：

承前勢，練者向右外側轉身，面向右前方（正西），趁勢向左後方（正東）撤左腳半步，重心移於左腳，身體下蹲；右腳虛提，以右腳尖點地，置於左坐腳前方成左坐丁虛步勢。此時左手以指尖向前插掌，掌不離胸前一尺；右掌止於左肘下，以助其勢。繼而右掌經左手腕上方以指尖前插；左掌同步回收於右肘下，以助其勢。再而繼續以左掌經右手腕上方以指尖前插；右掌同步回收於左肘下，以助其勢。此時左、右掌已互換插掌三次。

意勁在左右掌之指尖，眼平前外視。（如圖二）

（按：此勢之左、右插掌可改用拳，以拳代掌點擊，稱連三捶。）

2. 雀起尾：

左右兩掌同時鬆兩腕由內側外翻，兩掌心皆翻向外，十指下垂，繼而鬆垂兩小臂，兩掌翻掩至左右兩膝前，隨即垂兩肘，兩小臂向前摺疊，左右兩掌向前上方翹起，兩掌以掌心及指尖向前上方舔擊，其勢之形如雀鳥翹尾狀。此時身體仍蹲坐於左腿，原左坐丁虛步勢不變。

意勁在左右兩掌，眼平前外視。（如圖三）

3. 鳳凰三展翅：

承前勢，身體仍下蹲，右腳向右前（正西）進半步，繼而左腳續進半步，趁勢右腳再向前進半步，此時連進之步法為過步連枝。進步之同時，上翹的左、右兩掌向體前內翻，兩小臂向體前內收摺疊後，升伸兩小臂，左、右兩掌外翻，兩掌心翻向外，兩掌指尖向上，兩掌高與胸齊，趁勢兩掌向前按擊。按擊之掌應與右、左、右之三步同步按擊三掌，謂之鳳凰三展翅。此時面向正西。

意勁在左右兩掌，眼平前外視。

（按：此勢之三按掌與如封似閉勢之按掌類同。如圖十九。）

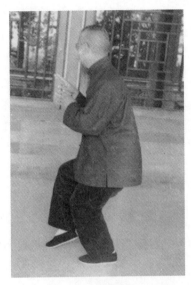

圖二：攬雀尾

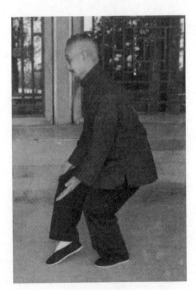

圖三：雀起尾

26

【應用說明】

　　敵由我右側進犯，我撤步變丁虛步避之，迅即以左掌點擊敵胸，敵以手格攔，我以左掌向下截擊敵手，同時起右掌點擊之，敵或再格攔我右掌，我再以右掌向下截擊敵手，我之左掌再起而點擊之。敵若以兩手再進犯，我用雀起尾之勢，即以兩掌反採敵之雙手，迅速翹起我之雙掌，舐粘敵之兩小臂而挫擊之。敵撤退，我迅速進步，以雙掌三擊其胸，發勁要脆要遠。

單鞭

　　單鞭者，以單掌擊敵之謂。若以兩掌同向同步擊敵，稱雙鞭；或以兩掌分向左、右兩側擊敵，亦稱雙鞭。

　　承前勢，右掌變鈎，發六勁（即：鈎、掛、鋸、錯、抖、彈），右手成挑指鈎。此時迅即回身仍下蹲，向左後方（正東）斜撤左腳一步，然後過重心弓左膝成左弓步勢（此勢亦可練成馬步勢），同時左掌以側立掌向左外方砍擊。掌心向外，指尖向上，掌與肩高。方向正東。

　　意勁在左掌，眼平前外視。（如圖四、五、六）

　　（按：由攬雀尾之鳳凰三展翅變單鞭時，在右掌未變鈎之前，可加纏手——即以左掌循右手腕上方穿插，隨即繞右手腕一周，止於右腕橈骨側。）

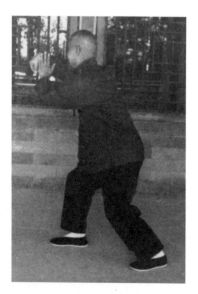
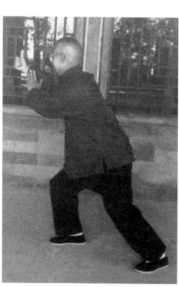
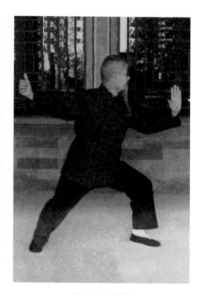

圖四：單鞭　　　　圖五：單鞭　　　　圖六：單鞭

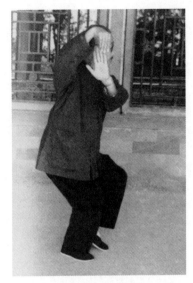

圖七：提手上勢

　　敵由右前方進犯，我用鈎法之六勁拿擊敵手，以彈指彈擊發放之。敵變位再由我左背後進犯，我迅即回身下蹲，以左掌砍擊敵胸或頭面。
　　纏手之用法為：我變鈎擊敵之前，先點擊而後鎖拿敵手，再變鈎手擊之。

提手上勢

　　提手上勢，其形若提物向上之狀，故又名上提手。提在用架裡是勁，發提勁時須與掤勁合發。

　　承前勢，右腳向正前方（正東）進半步，左腳提腳跟，以左腿尖點地，置於右腳前，重心蹲坐於右腳，成右坐丁虛步勢；隨勢右手鈎大指之彈指扣回成梅花鈎，以右鈎之腕向右外上方提擊，止於身體右側耳之前方；左掌隨勢扶於右腕下，以助其勢。

　　（按：為了更好地連接單鞭勢，在未做提手上勢之前，可加入左摟手和右摟手，即左掌先向右再向下向左摟手之後；右手鈎變掌，然後向前再向左向下做摟手，再變鈎上提。）

　　意勁在右鈎，眼平前外視，方向正東。（如圖七）

【應用説明】
　　敵由左側進犯，我以左手摟截，敵再進另一手，我用右掌摟截之後，迅速進步以右腕向上掤提，擊打敵之下頜或咽喉，左掌扶右腕，以助發勁。

白鶴亮翅

白鶴亮翅，其形態若鶴之展翅狀。此勢又名白鵝亮翅。

承前勢，原步型不變，以左顧和右盼之法，身先向左微旋腰，繼而再向右旋腰。做顧盼旋腰時應注意鬆腹。隨勢左掌向體前左前下方採按，掌心向下，指尖向前；同時右手鈎亦變掌，先隨左掌向前下採按，迅即與左掌分開，向右前上方掤撩，掌心向前，指尖上指。右掌止於頭之右前上方；左掌按於左胯旁。

意勁在兩掌，眼平前外視，方向正東。（如圖八）

【應用説明】
敵由前方進犯，我以左手採按敵手，右手趁勢用反掌撩擊之。

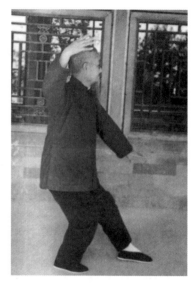

圖八：白鶴亮翅

摟膝拗步

摟膝拗步者，敵由低位進犯，我以手摟格，再以另一手擊之。我之手與腳相拗稱拗步。此勢又名左右摟膝。

1. 承前勢，左腳輕提再落地，重心不變，仍為右坐丁虛步勢；趁勢左掌向前下方摟左膝，要求涵胸收胯，身要正直，摟手要低；同時右手鬆腕變側立掌，掌心向左，指尖前指；屈右小臂，右側立掌置於右耳側。

意勁在左掌，眼前下俯視。

2. 進左腳，弓膝成左弓步勢，重心集於左腳，趁勢右掌向體前蹋掌前擊，發點、擊、推、按四勁，右掌要立，掌心向外，五指向上；左掌於摟膝後隨勢止

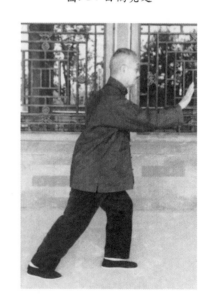

於左胯外側，掌心向下，指尖向前。

　　意勁在右掌，眼平前外視，方向正東。（如圖九）

　　3. 輕提左前腳，然後以腳掌向前踏地，迅速提頂束身起跳，做凌空騰跳步。當右腳向前騰跳甫及落地後，迅速蹲坐於右腿，此時左腳以腳尖向前點插，置於右腳前，成右坐丁虛步勢。右掌於騰跳前先向前盪擊，然後右、左兩掌於騰空跳躍時，分別向左、右兩肩摟肩掩身而進，當左腳以腳尖點地下落前，左掌向前下方摟左膝，然後止於左胯外側；右掌變側立

掌，屈右小臂，右掌置於右耳外側。

　　意勁在左、右兩掌間互換，眼前下俯視。（如圖十、十一）

　　4. 如前之2動，再進左腳，弓膝成左弓步勢，重心集於左腳。趁勢右掌向體前蹋掌前擊，發點、擊、推、按四勁，右掌要立，掌心向外，五指向上；左掌於摟膝後隨勢止於左胯外側，掌心向下，指尖向前。

　　意勁在右掌，眼平前外視，方向正東。（如圖十二）

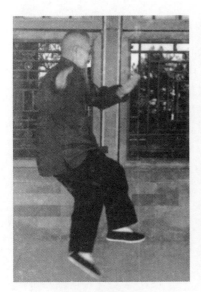

圖十：摟膝拗步

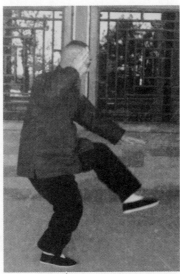

圖十一：摟膝拗步

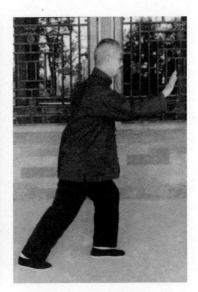

圖十二：摟膝拗步

30

　　敵由前方向我下身進犯（打或踢），我以左掌摟截之，以右掌順其勢發四勁連擊敵胸。敵撤步逃脱，我迅即騰跳並分撥敵之兩手後，進身落步以掌再踢擊之。

手揮琵琶勢

　　手揮琵琶勢者，因兩手合抱狀若揮撥琵琶，故名。行功裡之抱手，有稱為抱七星者。

　　1. 承前勢，右後腳向後微移，身體後坐於右腳；左前腳回收於右腳前，左腳尖點地，成右坐丁虛步勢，趁勢左掌前起上掤，止於胸前，掌心向外，指尖向上；右掌掩肘回收，止於左肘下，掌心向左，指尖向上。

　　意勁在兩掌，眼平前外視，方向正東。（如圖十三）

　　2. 合抱之左、右兩掌共同向右前方輕盪，並以粘連勁鬆兩肘下沉。此時左腳前進半步，右腳前跟半步，兩腳成連枝步，身體蹲坐於兩腿之上。趁勢合抱之兩掌，再由下而上在體前粘提，勁要輕靈沉着，兩掌止於左肩前方為度。

　　意勁在兩掌，眼平前外視，方向正東。（如圖十四、十五）

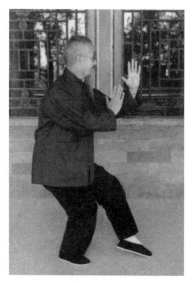
圖十三：手揮琵琶勢

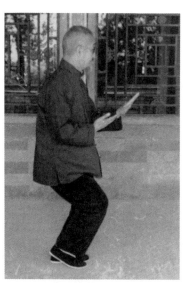
圖十四：手揮琵琶勢

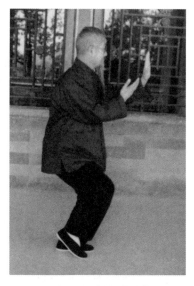
圖十五：手揮琵琶勢

進步搬攔捶

　　進步搬攔捶者，乃順對方來襲，以手搬移，並以另一手攔截，進步以拳擊之。拳又稱捶。

　　1. 承前勢，進左腳，右腳跟進。此時兩掌向前下鼓盪而出，右掌沿左小臂上方回攏變拳，置於右肋下；左掌前上起，立掌護胸，掌心向右，指尖向上。此時右腳後撤，左腳回收，腳尖點地，置於右腳前方，成右坐丁虛步勢。

　　意勁在左掌，眼平前外視，方向正東。（如圖十六）

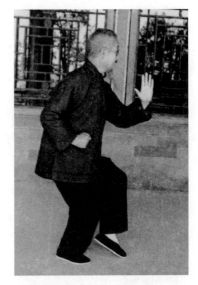

圖十六：進步搬攔捶

　　2. 進左腳半步，右腳跟進，蹲身成連枝步勢；或右腳跟進後，腳尖點地，置於左腳旁，成左坐丁虛步勢。趁勢右拳經左掌心旁向前扣打，此時左立掌不變，扶於右肘處，以助其勢。

　　意勁在右拳，眼平前外視，方向正東。（如圖十七）

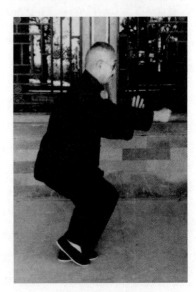

圖十七：進步搬攔捶

如封似閉

如封似閉者，以封閉之手法，化解敵之進犯，並乘機反擊。

1. 承前勢，左掌輕推至右肘外，再循右小臂外翻掌向體前回掛，掌心向內，指尖向上，置於左肩前；同時右拳變掌，循左小臂上方攔拿回掛，置於右肩前，掌心向內，指尖向上。步型與重心皆不變。

意勁在兩掌，眼平前外視，方向正東。（如圖十八）

2. 左右兩掌同時由內向外翻轉，迅速向前踢掌按擊，兩掌掌心向外，指尖向上。

意勁在兩掌，眼平前外視，方向正東。（如圖十九）

【應用說明】
敵進擊我胸，我以左右兩掌分別攔掛封住敵手。引進落空後，敵抽手欲逃，我迅速以兩掌合勁而擊之。

抱虎歸山

抱虎歸山者，又稱為抱虎推山，喻敵進犯時如猛虎，我展雙臂抱持而擲擊之謂。又此勢在用架裡，獨具凌厲之用法，名為翻車手。

1. 承上勢，左右兩掌同時向體前下採，發勁要輕脆。繼而轉身，右腳後撤，方向西北，收右腳跟約九十度角，此時身體轉向東南，迅即收左腳以腳尖點地，成右坐丁虛步勢。兩掌於下採後，左掌下摟左膝，止於左膝外側；右掌提側立掌，置於右耳旁；左掌掌心向下，指尖向前；右掌掌心向左，指尖向前。然後左腳向東南進步，弓左膝成左弓步勢，身體斜向

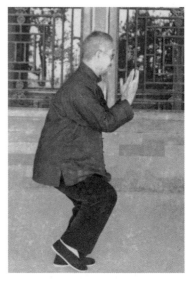

圖十八：如封似閉

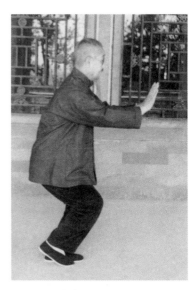

圖十九：如封似閉

東南，左腳尖要扣，對向正南。趁勢右掌向左前方蹋掌按擊，左掌止於左胯旁，以助其勢。

意勁在右掌，眼平前外視，方向東南。（如圖二十）

2. 身體向右後方轉身一百八十度，左腳向右後方扣腳，迅速收右腳跟，提右腳尖以腳尖點地，置於左腳右前方，成左坐丁虛步勢，此時身向西北。隨勢右掌下按外摟，摟至右膝旁掩右膝；左掌同時同步上提，變側立掌，置於左耳旁。然後右腳向西北進步，弓右膝成右弓步勢，此時身體斜向西北，右腳尖要扣，對向正西。趁勢左掌向右前方蹋掌按擊，掌心向右，指尖向上；右掌止於右胯外，掌心向下，指尖向前，以助其勢。

意勁在左掌，眼平前外視，方向西北。（如圖二十一）

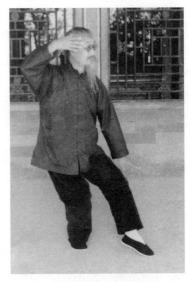

圖二十：抱虎歸山

【應用說明】
　　承上勢，敵欲逃，我以雙掌下採擊之。敵由左側進犯，我迅速撤步轉身，以左掌摟截，同時以右掌蹋擊之。敵又自背後攻擊，我迅速轉身變步，以右掌回旋下摟，格截敵手，同時以左掌蹋擊之。

攬雀尾

此勢又名斜攬雀尾，因身體斜向西北做勢之故。其動作與前文之攬雀尾相同，惟其中之鳳凰三展翅，減做一次或兩次皆可。

【應用說明】
　　見頁**26**攬雀尾的應用說明。

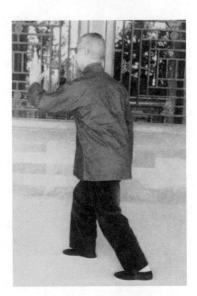

圖二十一：抱虎歸山

斜單鞭

此勢之動作與前文之單鞭相同（亦可加纏手）。惟此勢面向西南。（見頁 26）（如圖二十二）

【應用説明】
見頁 27 單鞭的應用説明。

肘底看捶

肘底看捶者，以拳置於肘下，以作看守之用，故此勢又名肘下捶。

1. 承前勢，左腳以腳跟做軸，左腳尖外擺九十度至東南方向，趁勢身體向左側外轉。同時伸左臂探左掌，左掌掌心向外，大指向右，用反掌刁手；右手鈎不變。

意勁在左掌，眼平前外視，方向東南。（如圖二十三）

2. 左腳繼續外轉腳尖四十五度，轉至正東方向。趁勢弓左膝，身體亦轉至正東，右腳迅速向右外前方橫邁半步，身體蹲坐於右腿；此時提左前腳，腳尖點地，置於右腳前成右坐丁虛步勢。趁勢左掌刁手後繼續外攄，圈左小臂由體後挽手握拳，拳由左肋下圈回向體前上方沖捅，左拳對正左肩，拳面向上，拳心向右；隨勢右鈎亦變拳，圈搌右臂以右拳在體前向左橫擊，拳面向左，拳心向內，置於左肘下，以助其勢。

意勁在兩拳，眼平前外視，方向正東。（如圖二十四）

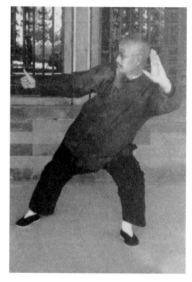

圖二十二：斜單鞭

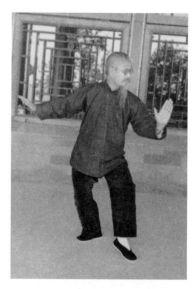

圖二十三：肘底看捶

【應用説明】

敵由左側進犯，我擺步轉身，伸左臂刁敵手，再旋攏挽拿。敵欲逃，我跟進，以左拳直立小臂向上捅擊敵之頭面，同時以右拳自左肘下橫擊敵之胸肋。

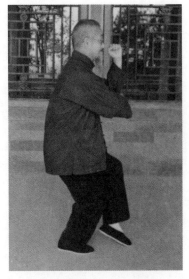

圖二十四：肘底看捶

倒攆猴

倒攆猴者，言敵向我撲擊，我倒步退身以避其鋒，迅速以掌擊其頭部。該勢有順步和拗步兩種練法，本勢以拗步勢之練法說明之。

1. 承前勢，左腳向後撤步，以左腳尖點地，立於右腳前，同時撤身重心坐於右腿，右腿成右坐丁虛步勢。趁勢左拳向前下砸後變掌，再提左腕變側立掌，置於左耳旁；同時右拳亦變掌，提右掌，沿左掌前伸時之小臂向外錯掌推切。錯掌時，左掌在下，掌心向上，指尖向前；右掌在上，掌心向下，指尖向左，以小指根及掌骨向外推切；右掌於推切後，撤右肘旋右小臂，用右掌摟左膝，然後鬆垂右小臂，右掌下按止於右胯側。

意勁在兩掌，眼平前外視。方向正東。（如圖二十五）

2. 左腳向後撤步，全腳落地；右腳重心不變，弓膝成右弓步勢。趁勢左側立掌向前按擊；右掌仍按於右胯外不變。

意勁在左掌，眼平前外視。

3. 右掌向前撩掌，掌心向上，指尖向前；同時左掌下按，循右小臂向前與右掌錯掌推切，掌心向下，指尖向右，以小指根及掌骨向外推切。此時提右腕，右掌變側立掌，置於右耳旁；左掌於推切後，撤左肘

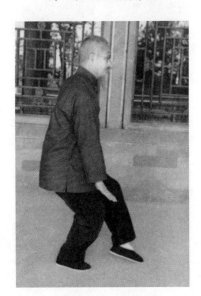

圖二十五：倒攆猴

旋左小臂，用左掌摟右膝。兩掌錯掌時，身向後撤，重心坐於左腿，右腳回撤，以右腳尖點地，置於左腳前，成左坐丁虛步勢；左掌摟右膝後，鬆垂左小臂，左掌下按，止於左胯側。

意勁在兩掌，眼平前外視。方向正東。（如圖二十六）

4. 右腳向後撤步，全腳落地；右腳重心不變，弓膝成左弓步勢。趁勢右側立掌向前按擊；左掌仍按於左胯外不變。

意勁在右掌，眼平前外視。

5. 動作與 3 相同，惟左右肢互換。

6. 動作與 4 相同，惟左右肢互換。

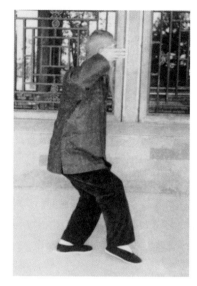

圖二十六：倒攆猴

【應用説明】
　　敵突然進犯，我以拳砸擊，再以掌推切，迅速撤身撤步，以掌按擊之，發點、擊、推、按四勁擊之。敵再進，我連續撤步撤身，並且連續擊敵。

斜飛勢

斜飛勢者，以其勢之兩臂舒伸展開，形似鳥之飛翔時的展翅狀，故名之。又此勢為用架的獨有動作，即以肩靠敵人的小腿七寸（足三里穴）位置，故又名為七寸靠。

承前勢，左掌向左外前方粘截，再旋左腕，下圈左小臂下挽，然後左掌以指尖向右膝內側下插，掌心向右，指尖向下；同時右掌向右前外方粘掛，然後圈右小臂向左置於左耳旁，掌心向左（或向右），指尖向上。此時蹲身收胯，身體蹲至極限，趁勢左腳向左外方斜進一步，方向四十五度（東北），出步後腳尖要扣正，對向正東。隨勢左掌展臂外伸，以左肩向左外方經左腿內側七寸處，以肩斜靠，左掌向左外上方舒伸，掌心向上，指尖前指；隨勢右掌下按，置於右胯外，斜掌按掌，掌心向下，指尖外指，以助其勢。

意勁在左掌、左肩，眼右下顧視，方向東北。（如圖二十七）

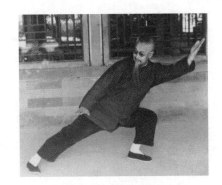

圖二十七：斜飛勢

【應用說明】
　　敵由前方進犯，我以左掌粘截再圈小臂挽拿；右掌向左掛後，上下兩掌鎖拿住敵臂後，迅速蹲身，以左肩斜靠敵之小腿七寸處（足三里穴），靠時應該揚臉，及加入彈左掌大指等動作，以利發勁擊放。

提手上勢

此勢之動作與前文的提手上勢相同。惟此勢承接七寸靠之動作，故變勢時抽提後右腳向正東前方進步，再起身跟左腳，以左腳尖點地，置於右腳外側，成右坐丁虛步勢。方向正東。

【應用說明】
　　見頁 27 提手上勢的應用說明。

白鶴亮翅

此勢之動作與前文之白鶴亮翅相同。方向正東。

【應用說明】
　　見頁 28 白鶴亮翅的應用說明。

摟膝拗步

此勢之動作與前文之摟膝拗步相同，惟此勢只做該勢之1、2兩個動作。

【應用説明】
見頁**30**摟膝拗步的應用説明。

海底珍

海底珍，又名海底針，應敵時我用掌指向敵之胸部以下點刺之謂。

1. 承前勢，步法不變，長腰舒伸右臂，右立掌鬆腕，五指前伸，變側立掌，掌心向左，指尖前指，繼而垂右腕，五指向前下指插。

意勁在右掌，眼前下方俯視，方向正東。（如圖二十八）

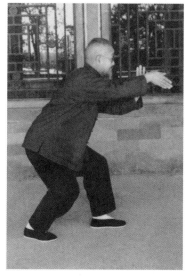

圖二十八：海底珍

2. 右腳向後撤步，退身重心集於右腳；提左腳回收，以腳尖點地，立於右腳旁，成右坐丁虛步勢，蹲身，身要直立。右掌隨勢抽撤，向襠前下方直插，止於左膝內側；左掌粘撤置於頜前護住頭面及前胸；右掌掌心向左，指尖下插；左掌掌心向右，指尖向上。

意勁在右掌，眼平前外視。（如圖二十九）

3. 進左腳出步，長腰進身，弓左膝成左弓步勢。趁勢右側立掌變立拳，拳眼向上，拳心向左，揮右臂，以右拳向前提撞上擊；左掌扶右腕，以助其勢。

意勁在右拳，眼前下方俯視，方向正東。

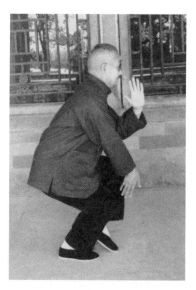

圖二十九：海底珍

敵進擊，我以右掌接敵手，長腰舒臂，以右掌垂腕刁拿。敵退後再進擊，我退身撤步，以左掌粘拿護住頭、胸，右掌則下插敵襠。敵再撤逃，我迅速進步進身，揮右拳擊之。

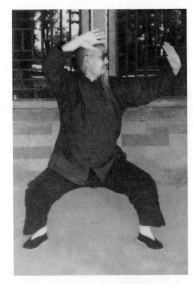

圖三十：山通背

山通背

山通背，又名扇通背。山通背言其力由脊發，有催山之勁；扇通背言其勢兩臂外張，其形如扇。

承前勢，左前腳向右扣腳九十度，隨後旋腰轉體，收右腳跟，面轉向正南。此時變騎馬步，重心集於兩腳，揚右臂，右拳上提變掌，向體前撥挑外捯，止於頭前右上方，掌心向外，指尖外指；同時左掌向東南方向，舒伸左臂進左掌挫擊，掌心向外，五指向上。

意勁在兩掌，眼平前外視，方向正南。（如圖三十）

【應用説明】
敵由右側方進犯，我迅速扣步轉體，以右掌粘捯，截拿敵臂，並進左掌擊之。

撇身捶

撇身捶，步型不變而摺疊腰胯，使身軀撇開以避敵之襲擊。

承前勢，身體重心移坐於左腳，收腰坐胯向右撇身。左右兩掌握成兩拳，環抱於胸前，右小臂與右拳在上；左小臂與左拳在下，兩拳拳心皆向下。此時右腳收腳跟，繼而向右後外方開步，然後弓右膝成右弓

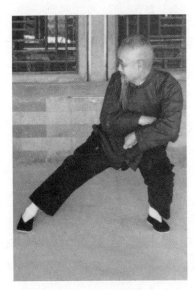

圖三十一：撇身捶

步勢。趁勢右小臂向前外下方翻落，以右拳背下擊，拳心向上，拳面向前，右肘止於右肋旁；隨勢左拳亦變掌，纏右拳後以立掌向前直切，指尖向上，掌心向右，置於胸前，以助其勢。

意勁在右拳，眼平前外視，方向正西。（如圖三十一、三十二）

【應用說明】
敵自右後方擊我，迅速撇身以避敵之攻擊。敵落空，我趁勢翻身，以右拳砸擊之，左掌以立掌切截。

退步搬攔捶

退步搬攔捶，與前文之進步搬攔捶動作只區別於步法。前者為進步，此勢為退步，即退前右腳，左腳腳尖點地，置於右腳側，成右坐丁虛步勢。趁勢右手搬、左手攔，然後再進左腳，變左弓步勢，右手拳隨勢前擊。

意勁在右拳，眼平前外視，方向正西。（如圖三十三、三十四）

【應用說明】
見頁 31 進步搬攔捶的應用說明。

上勢攬雀尾

承前勢，此勢與前之攬雀尾動作類同。惟此勢由退步搬攔捶變攬雀尾杈子手時，步法為進步。又此勢之方向為正西。

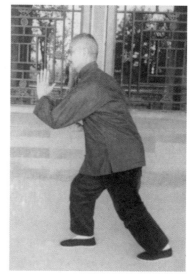

圖三十二：撇身捶

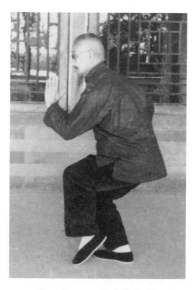

圖三十三：退步搬攔捶

【應用説明】
　　見頁 **26** 攬雀尾的應用説明。

單鞭

　　承前勢，由上勢攬雀尾之鳳凰三展翅後，向左旋腰轉體，面向正南。右掌變鈎手（做鈎手之前可加纏手），再以左腳向左橫開一步。此勢可做左弓步勢，亦可做馬步勢。其餘動作與前文之單鞭類同。

【應用説明】
　　見頁 **27** 單鞭的應用説明。

雲手

　　雲手者，左右兩掌在體前隨旋轉身軀而盤繞，似行雲之輕浮飄盪。

　　1. 承前勢單鞭為騎馬步勢或弓步勢，起動前可先輕提左腳，向右回收半步，再將左腳向左橫開一步。左腳跨步後，右腳緊跟左腳靠攏成併步連枝步勢。趁勢左掌循體前下垂，然後立左小臂，左掌經右肋外向左後上方雲起，掌心向外，五指向上。隨勢旋腰由正西經正南轉向正東。此時右手鈎變掌，經體前由下向上雲起，掩於左肘處，掌心向上，指尖向外。

　　意勁在兩掌，眼左外平前視，方向正東。（如圖三十五）

　　2. 右掌垂肘，經左肘外後方，向體前右雲，掌心向外，五指向上。同時旋腰，身體由正東經正南轉向正西。此時左掌隨勢經體前由下向上雲起，掩於右肘處，掌心向上，指尖向外。

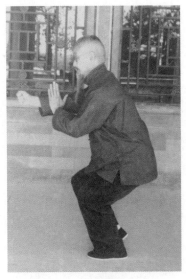

圖三十四：退步搬攔捶

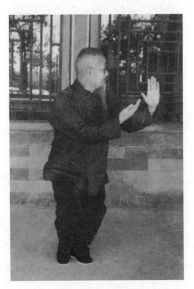

圖三十五：雲手

意勁在兩掌，眼右外平前視，方向正西。（如圖三十六）

3、4. 重複 1、2 兩動之動作。

【應用說明】
敵由右側或左側進犯，我以左立掌或右立掌上挑外掛。敵欲退，我趁其勢以上捌下攬之法擊之。

單鞭

承前勢，雲手結束後，變單鞭之前（可加左手纏手之動作後），右掌再變鈎手。然後左腳向左橫開一步，此勢可做左弓步勢，亦可做馬步勢。其餘動作與前文之單鞭類同。

【應用說明】
見頁 27 單鞭的應用說明。

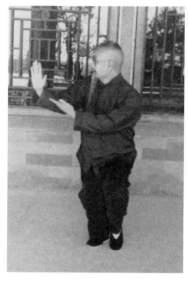

圖三十六：雲手

高探馬

高探馬者，身體向前上方探身，如蹬馬之鞍鐙，欲攀騎上馬之狀。

承前勢，旋腰，身體向左側轉體，面向正東，蹬右腳跟，身體蹲坐於右腳；此時抽提左腳，左腳尖點地，置於右腳前，成右坐丁虛步勢。趁勢撤左肘，左掌撤於胸前，掌心向上，指尖向前；同時右手鈎變掌，右臂向左側體前舒伸，右掌向前探出，掌心向外，指尖向上。此時左掌掩於右肘下，以助其勢。

意勁在右掌，眼平前外視，方向正東。（如圖三十七）

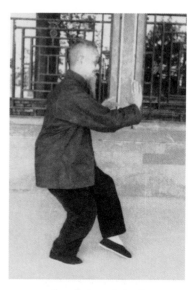

圖三十七：高探馬

左右分腳

　　左右分腳者，左右兩腳分別向左方或右方踢擊之謂。本勢在用架裡將右高探馬之動作，包括在左右分腳一勢之中，與行功（慢架）有所不同。

　　1. 承前勢，左右兩掌同時向前粘盪，再圈攏兩小臂，兩掌握成兩拳，右拳在外，左拳在內，兩拳心皆向內。隨勢左腳左進半步，右腳跟進成連枝步勢。蹲身至極限，腰要直立，收胯溜臀。

　　意勁在兩拳，眼東北方平前外視，方向正東。

　　2. 兩拳同時上捅，乘勢起身，提右膝置於右肘下。此時左腿獨立成左獨立步勢，繼而右腳展右腿，以右腳向右前外方分踢，腳面要繃平，腳尖要向前踢擊。趁勢舒展左右兩臂，兩拳變兩掌，同時向左右方下擊，掌心向下，指尖向前，高與肩平，右掌下擊至右腳面上方為度。

　　意勁在右腳與右掌，眼東南方平前外視，方向正東。（如圖三十八）

　　3. 鬆腰腹，左膝下鬆屈膝，右膝亦鬆膝，向正前方落右腳，弓膝過重心。此時左腳趁勢向前進步，以腳尖點地置於右腳前成右坐丁虛步勢。同時右掌屈右小臂收於胸前，掌心向上，指尖向外；左掌亦屈左小臂，循右小臂上方向前外方立掌挫擊，掌心向右，指尖向上。右掌掩左肘，以助其勢。

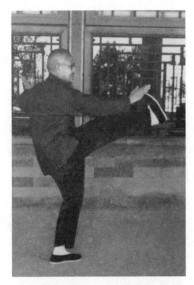

圖三十八：左右分腳

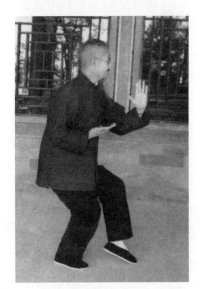

圖三十九：左右分腳

意勁在左掌，眼平前外視，方向正東。（如圖三十九）

（按：此勢如前文之高探馬勢，惟左右肢互換）

4. 與 1 之動作類同，只左右肢互換，惟眼視東南。

5. 與 2 之動作類同，只左右肢互換，惟眼視東北。（如圖四十）

【應用說明】
敵進犯，我以兩掌挫截而粘盪之，再圈攏兩臂掩拿。敵退，我趁勢捅兩拳，起身抽腿，先以膝撞，再用腳分踢之。敵再犯，我變勢換左右肢，以前法再擊踢之。

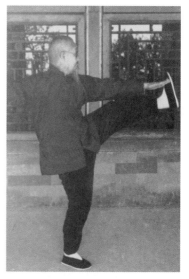

圖四十：左右分腳

轉身蹬腳

轉身蹬腳者，利用顧盼，旋腰轉身，以左右兩掌分擊，並以腳蹬敵。

1. 承前勢，左腿鬆胯屈膝，左小腿回收懸垂，提左膝成右獨立步勢。此時兩掌變兩拳，圈攏兩小臂，合抱於胸前，兩拳心皆向內。左拳在外，右拳在內。趁勢迅速向左後方轉體，以右腳跟為軸，扣腳尖九十度，身體後轉，由面向正東轉到面向正北。此時左腳後撤，下落於右腳旁，腳尖點地成右坐丁虛步勢，身體下蹲至極限。

意勁在兩拳，眼西北方平外視，方向正北。

2. 兩拳上捅，趁勢起身，提左膝，然後蹬左腳，腳跟向左外方蹬出，方向正西。此時左右兩拳變兩掌，起至頭前上方，再分向左右展臂下擊，掌心向前下方，指尖外指。兩掌與肩高為度。

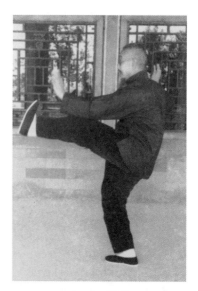

圖四十一：轉身蹬腳

意勁在左腳與左掌，眼平前外視，方向正西。（如圖四十一）

【應用説明】
　　敵自身後進犯，我迅速轉身下蹲，同時以左右兩臂圈截，並抽提左膝撞擊。敵退，我以左掌擊之，並以左腳蹬敵。

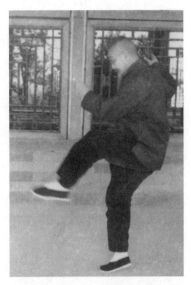

圖四十二：進步栽捶

進步栽捶

　　進步栽捶者，以進步進身迎敵，並以拳向前下方擊敵，形若栽物植入地下之狀。

　　承前勢，左腿提膝，小腿鬆垂，落腰以左腳向前虛點一步，乘勢提頂挺腰，身體騰起，此時右腿迅速向前騰跳一步。當右腳甫及落地，左腳再迅速向前雀躍一步，左腳落地後蹲身，右腳前跟，以右腳尖點地，置於左腳旁成左坐丁虛步勢。跳躍時，左右兩掌同時分向左外方及右外方掩肘，向體前摟手攔截。當落成左坐丁虛步後，左掌向前下方掩摟左膝；右掌變拳護於右肩前。然後進身下蹲，蹲至極限，以右拳向前下方栽捶，拳心向內，拳面向下直栽，拳背向前。此時左掌於摟膝後扶於右小臂，以助其勢。

　　意勁在右拳，眼前下視，方向正西。（如圖四十二、四十三）

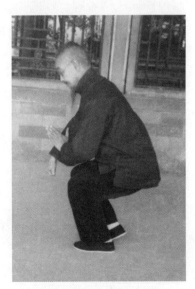

圖四十三：進步栽捶

【應用説明】
　　敵連擊我，我以左右兩掌攔摟。敵退而逃脱，我趁勢迅速以騰空雀躍之步法進擊。敵以腿踢我，我以左掌摟撥，以右拳直下砸擊敵腳。

翻身撇身捶

翻身撇身捶者，步型不變而翻身，同時折摺疊腰胯，使身軀撇開以避敵之進襲，再以拳擊之。

1. 承前勢，鬆右腳換重心於右腳，左腳向前進一步，弓左膝成左弓步勢。趁勢長腰以右拳背向前衝擊敵襠，拳背向前，拳面向下，拳心向內。左掌仍扶於右腕，以助其勢。

意勁在右拳，眼前下視，方向正西。

2. 左腳尖向右扣，翻身收胯，身體翻向後方，方向正東。翻身之同時，向右後撇身，此時右腳跟回收，舒直右腿，身體坐於左腿上，成左仆步勢。左掌變拳，左右兩拳圈兩小臂攏抱於胸前，右臂在上，左臂在下，兩拳心皆向下。翻身後，重心仍在左腳，右腳提膝回收，右腳尖點地，置於左腳前，成左坐丁虛步勢。此時右拳翻拳下擊，拳心翻向上，以拳背下砸，然後撇右肘，置右拳於體前護肋；同時左拳變掌，以立掌之掌側向前切擊，止於胸前。又：此勢於翻身撇身後，右腳向右側橫開半步，弓右膝成右弓步勢亦可。其餘動作不變。

意勁在右拳左掌，眼平前外視，方向正東。（如圖四十四）

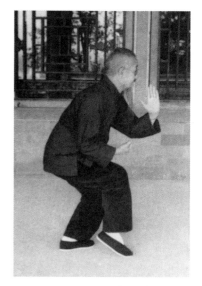

圖四十四：翻身撇身捶

【應用說明】
敵由身後進犯，我迅速翻身並摺疊腰胯，撇身以避之，趁勢以右拳向前下砸擊，並以左立掌切擊之。

翻身二起腳

翻身二起腳，有的稱二起腳，"翻身"乃指承前勢之翻身撤身捶而言，即"翻身"後，用左右兩腳連續前踢。在用架裡，此勢名為二起蹦子。

承前勢，如為左坐丁虛步勢時，則先弓右膝，重心集於右腳，此時右腳踏地，騰身起跳，左腳前起繃腳面，以腳尖向前平踢。當左腳甫及落地，再迅速起跳，右腳前起繃腳面以腳尖向前平踢。兩腳連續前踢時，左右兩掌伸臂向前方拍擊，兩掌掌心向下，指尖向前，兩掌先拍擊左腳面，繼之兩掌拍擊右腳面，腳踢至肩高為度。

意勁在兩腳兩掌，眼平前外視，方向正東。（如圖四十五）

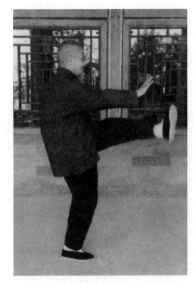

圖四十五：翻身二起腳

披身踢腳

披身踢腳者，將身體側伏，再以腳踢擊敵人之謂。

承前勢，二起腳連踢後，右腳甫及落地，迅速橫右腳跟，外擺右腳尖向前下橫踏，隨即斜身下蹲，身體轉向正南。此時左腳虛腳跟，兩腿交叉盤坐於右腳，成歇步勢。趁勢左右兩掌變兩拳，圈攏兩小臂，環抱於胸前，左拳在外，右拳在內，兩拳心皆向內。隨即挺右膝，提頂長腰，身體起立，變右獨立步勢。同時抽提左膝，抬左腿以左腳尖向左側踢腳，腳面要

繃，方向正東。左右兩拳向上高舉後變為兩掌，向身
體兩側展臂外擊，掌心向下，指尖向前，左掌以擊至
左踢腳之腳面為度。

　　意勁在左腳左掌，眼平前外視，方向正東。（如
圖四十六）

　　（按：此圖吳先師以蹬腳代踢腳）

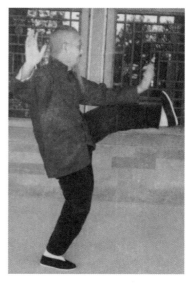

圖四十六：披身踢腳

【應用說明】
　　敵自身體側方進犯，我橫身半伏以避之，同時以兩手截拿，乘
勢起腿踢擊敵之胸肋。

轉身蹬腳

　　轉身蹬腳者，利用顧盼，旋轉身體，再以左右兩
掌分擊，並以腳蹬敵。

　　承前勢，左腿鬆胯，左腳以腳尖向右後方下插，
隨勢身體向右後方轉體二百七十度，面向正北。此時
左腳以腳尖點地，右腳亦隨勢向右後方收腳跟，轉身
後，左腳鬆落過重心，身體蹲至極限，重心在左腳。
此時提右腳跟，以右腳尖點地，置於左腳旁，成左坐
丁虛步勢。隨勢左右兩掌變兩拳，圈攏兩小臂，環抱
於胸前，右拳在外，左拳在內，兩拳心皆向內，隨即
挺左膝，提頂長腰，身體起立，提右膝成左獨立步
勢。然後伸右腿，以右腳向右外方蹬出，方向正東。
此時兩拳變兩掌，舒展兩臂，向左右分展，並以兩掌
前擊之，兩掌心向前，指尖向上，右掌以擊至右蹬腳
之腳尖為度。

　　意勁在右掌及右腳，眼平前外視，方向正東。
（如圖四十七）

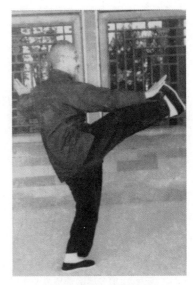

圖四十七：轉身蹬腳

【應用說明】
　　敵自側方進犯，我利用顧盼迅速轉身，以兩手截拿之，並以腳蹬擊敵之胸肋。

上步搬攔捶

　　上步搬攔捶者，與前文之進步搬攔捶類同。上步係指轉身蹬腳後，右腳落地再上左步而言。

　　承前勢，鬆腰胯，右蹬腳落地，右腳尖前鬆，右腳向右前方上步，此時左腳跟步，左腳尖點地，置於右腳旁，成右坐丁虛步勢。左右兩掌鬆肩臂回攏，左掌掩肘，與右掌同時向右外前方粘滯。右掌在前，掌心向上；左掌在後，掌心向下。兩掌向右外方粘滯後，再向左向內回滯，此時右掌翻掌，掌心向下再變拳，右拳迅速纏裹左腕回搬，左掌立掌置於胸前攔截。趁勢左腳前進半步，右腳向前併於左腳旁，成併步連枝步勢。右拳回搬後抱右肋，拳心向內，拳面向前；左掌立掌攔截，掌心向右，指尖向上。兩腳併步時，右拳隨勢向正前方扣打；左掌扶右小臂同時向前進擊，以助其勢。

　　意勁在右拳，眼平前外視，方向正東。

【應用說明】
　　敵再進犯，我收右蹬腳後，以右腳點踏敵腿，趁勢上步。以兩掌粘滯而後搬攔，敵退，再進步進身以拳扣擊之。

如封似閉

　　此勢之動作與前文之如封似閉相同，此勢亦面向正東。

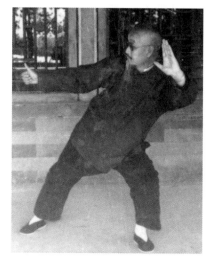

圖四十八：斜單鞭

【應用説明】
見頁 **32** 如封似閉的應用説明。

抱虎歸山

此勢之動作與前文之抱虎歸山相同。

【應用説明】
見頁 **33** 抱虎歸山的應用説明。

攬雀尾

此勢之動作與前之攬雀尾相同。惟方向西北。

【應用説明】
見頁 **26** 攬雀尾的應用説明。

斜單鞭

此勢之動作與前文之斜單鞭類同。在做鈎手前亦可加纏手之動作。（如圖四十八）

（按：此勢可做馬步勢及弓步勢，其眼可回視右手鈎而不看右掌。）

【應用説明】
見頁 **27** 斜單鞭的應用説明。

（按：此勢的應用方法側重於右手鈎之攻擊。）

野馬分鬃

野馬分鬃者，喻此勢前進之狀態，有如野馬之狂奔；其兩手左右分撥之形，又如風吹馬鬃向左右分展之狀。

1. 承前勢，右腳閃展外蹬，向右後外方出一步，轉身面向正西，弓右膝進身，成右弓步勢。同時右手鈎變掌，掌心向上，右小臂掩肘回收，循左小臂下方，向右前外方舒臂撥而後靠。此時右掌心向上，指尖外上指；左掌掌心亦翻向下，指尖向前，屈左小臂合於胸前。待右掌由左小臂下向外穿出後，左掌置於左肋下，掌心下按，指尖向前，以助其勢。

意勁在右掌右肩，眼平前外視，方向正西。（如圖四十九）

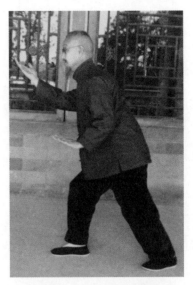

圖四十九：野馬分鬃

2. 隨前之動作，左腳由後方向前左外方蹬進一步，進身弓左膝成左弓步勢。此時右掌翻右小臂，右掌心翻向下，指尖向前；左掌上翻，掌心翻向上，舒展左臂，以左掌循右小臂下，向左外前方撥靠，右小臂屈肘合於胸前，待左掌穿出後，右掌置於右肋下，掌心下按，指尖向前，以助其勢。

意勁在左掌左肩，眼平前外視，方向正西。（如圖五十）

3. 動作如本勢之2動，惟左右肢互換。（如圖四十九）

【應用說明】
敵進犯，我以左掌或右掌截採或擒拿敵臂，趁勢我進展右臂或左臂，以右掌或左掌進身向外撥擊，再趁勢以肩靠擊之。

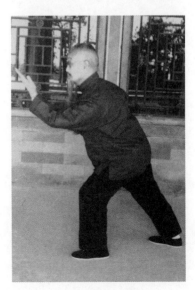

圖五十：野馬分鬃

52

玉女穿梭

玉女穿梭者，喻本勢運行四個隅角，其形態之莊靜，有如玉女之貞容；其動作之敏捷暢快，猶似織梭之行於錦中。

1. 承前勢，左腳向左前方虛進半步，左腳尖點地，坐身重心集於右腳，成右坐丁虛步勢。趁勢左右兩掌向左前外方做扠子手（或挽手），即左手先插，右手由左腕上方再插，繼之左手由右腕上做三插。待左手由右腕上前插時，左掌心翻向上，止於體前待變；右掌心向下，指尖前指，掩於左肘旁，以助其勢。

意勁在左掌，眼平前外視，方向西南。（如圖五十一、五十二）

2. 隨後，左前腳向前進半步，右腳緊跟左腳再向前進一步，繼之左腳再向前進一步，方向西南。進步進身後，弓左膝成左弓步勢。同時左掌旋腕，垂立左小臂，左掌向前外上方纏雲，隨即回溫，然後向左前外方橫膊以掌推擊，左掌心向外，置於左額前上方；隨勢右掌循左小臂下落，立掌向左前外方直擊，掌心向外，指尖向上。兩手之雲溫與推擊，要與身步相合。

意勁始在左掌，繼在右掌，眼平前外

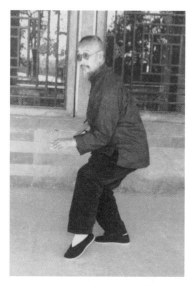

圖五十一：玉女穿梭

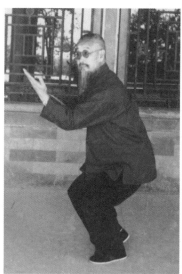

圖五十二：玉女穿梭

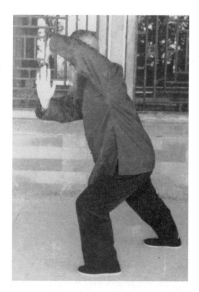

圖五十三：玉女穿梭

視，方向西南。（如圖五十三）

3.左前腳向右內回扣腳尖、重心不變，旋腰轉身二百七十度，面向東南。此時鬆提右腳，右腳尖點地置於左腳前，成左坐丁虛步勢。隨勢左掌上插，掌心向右，指尖向上置於右肩前上方；右掌下插，掌心向外，指尖向下置於左胯前，兩掌上下十字交插。轉身後左右兩掌向右前外方做杈子手（或挽手），即右手先插，左手由右腕上方再插，繼之右手由左腕上做三插。待右手由左腕上前插時，右掌心翻向上，止於體前待變；左掌心向下，指尖前指，掩於右肘旁，以助其

勢。隨後，右前腳向前進半步，左腳緊跟右腳再向前進一步，繼之右腳再向前進一步，方向東南。進步進身後，弓右膝成右弓步勢。同時右掌旋腕，垂立右小臂，右掌向前外上方纏雲，隨即回盪，然後向右前外方橫膊以掌推擊，右掌心向外，置於右額前上方。隨勢左掌循右小臂下落，立掌向右前外方直擊，掌心向外，指尖向上。兩手之雲盪與推擊要與身步相合。

意勁始在右掌，繼在左掌，眼平前外視，方向東南。（如圖五十四、五十五、五十六）

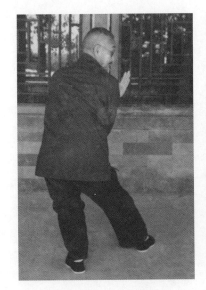

圖五十四：玉女穿梭

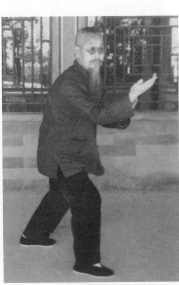

圖五十五：玉女穿梭

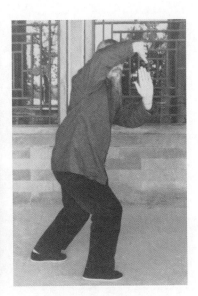

圖五十六：玉女穿梭

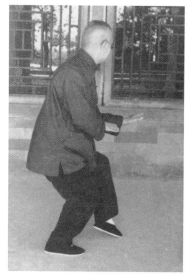

圖五十七：玉女穿梭

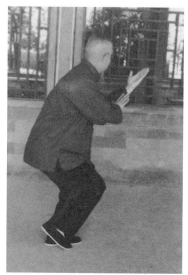

圖五十八：玉女穿梭

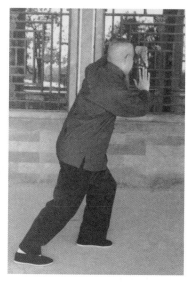

圖五十九：玉女穿梭

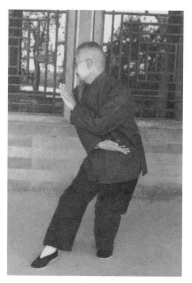

圖六十：玉女穿梭

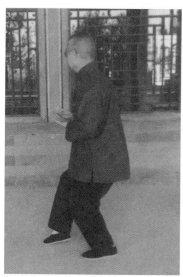

圖六十一：玉女穿梭

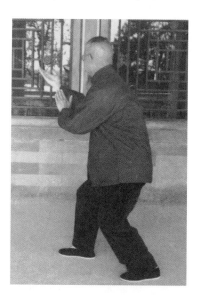

圖六十二：玉女穿梭

4. 動作如本勢之1、2兩動，惟方向東北。（如圖五十七、五十八、五十九）

5. 動作如本勢之3動，惟方向西北。（如圖六十、六十一、六十二、六十三）

【應用說明】敵擊我，我以左手或右手截挑而外捌之，復以右手或左手擊之。敵如自身後擊我，我偷腰轉身以避之，復以本勢之手法擊之。

上勢攬雀尾

承前勢，此勢向正西方向進左腳，左腳尖點地，成右坐丁虛步勢。其餘動作與前文之攬雀尾類同。

【應用說明】見頁 26 攬雀尾的應用說明。

單鞭

此勢之動作與前文之單鞭相同。在做鈎手前亦可加纏手之動作。方向正南。

【應用說明】見頁 27 單鞭的應用說明。

雲手

此勢之動作與前文之雲手相同。

【應用說明】見頁 42 雲手的應用說明。

單鞭

此勢之動作與前文之單鞭相同。在做鈎手前亦可加纏手之動作。方向正南。

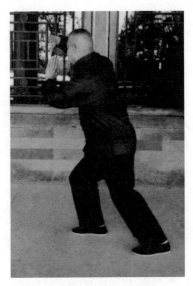

圖六十三：玉女穿梭

【應用説明】
　　見頁 **27** 單鞭的應用説明。

下勢

　　下勢者，身體下降至極限，用以避敵，更以險勢勝敵之謂。下勢在用架有其獨特之用法，即下勢之動作完成後，向前有"七寸靠"之用法，故本勢又名七寸靠。

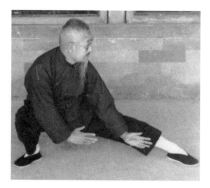

圖六十四：下勢

　　1.承前勢，右腳向右後方撤一步，身體迅速下蹲，重心蹲坐於右腳，左腿舒直成右仆步勢。隨勢右手鈎變立掌，掌心向內，指尖向左；同時左手掌亦變立掌，掌心向外，指尖向左。兩掌同時向左外截盪後，掩兩肘以側立掌在體前下剁。此時要求立身收胯，兩掌側立掩於左腿內側。

　　意勁在兩掌，眼平前外視，身向正南，面向正東。（如圖六十四）

　　2.承上勢之動作，左腳尖外展順直。此時，左右兩掌擦地向左前外方穿挑。隨勢蹬右腳，長腰進身，以左肩循左腿七寸處向前外方靠擊，要求提頂立身，不可趴腰。

　　意勁始在兩掌，繼在左肩，眼平前外視，方向正東。

【應用説明】
　　敵自側方進犯，我以兩掌截挑提盪，敵仍進擊，我迅速撤步仆身避敵。敵落空我以兩側立掌下截剁之。敵退，我速進身，以肩靠擊敵之小腿七寸處，使敵傾跌。

金雞獨立

金雞獨立,其勢一腳立地,一腳提起,成獨立狀;雙臂輪換上揚,形若金雞之展翅,故名。

1. 承前勢,左腿弓膝後,提頂起身,抽提右後腿,提膝於體前,右小腿下垂,成左獨立步勢。隨勢圈兩臂,右掌同循左小臂外翻,舒臂上掤置於額頭前方;左掌同時由右小臂內向胸前下按。右掌心向外上方,指尖向左;左掌心向下,指尖向右置於腹前下按。

意勁在兩掌,眼平前外視,方向正東。(如圖六十五)

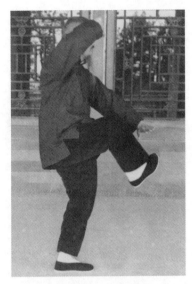

圖六十五:金雞獨立

2. 鬆腰腹,身體向下鬆落,右小腿前伸落一步,弓右膝,抽提左腿,提左膝左小腿下垂,成右獨立步勢。隨勢左小臂循右小臂外,向外以左掌翻掤,掌心向外上方,指尖向右,置於額頭前上方;右掌由左小臂內向胸前下按,掌心向下,指尖向左,置於腹前下按。

意勁在兩掌,眼平前外視,方向正東。(如圖六十六)

(按:此勢另有兩種手法,其一為承接七寸靠之後,左右兩掌變兩拳,左前拳與右後拳做纏繞之後,互換內外,右拳換於外之後,以拳面上沖,拳心向左,置於額頭前上方;左拳以拳面下砸,拳心向右,掩於襠前。其身、步之法仍為左獨立步勢,然後右腿前落,弓膝抽提左後腿,變右獨立步勢。其餘兩拳互換動作如前。)

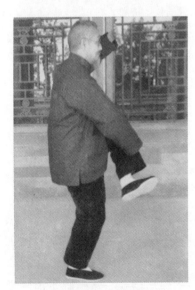

圖六十六:金雞獨立

　　另一種練法為承接七寸靠之後，左右兩掌前穿，一手上挑，另一手下插掩襠。所有手、身、步之動作仍如前不變。）（如圖六十七、六十八）

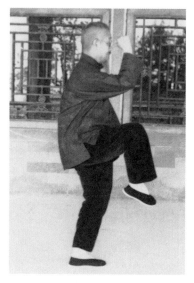

圖六十七：金雞獨立

【應用説明】
　　敵進犯，我以左右兩掌或兩拳纏、掤、挑、沖、砸、採、按擊之，並以兩膝互換撞擊，亦可以左右兩腳互換踩踏之。

倒攆猴

　　倒攆猴勢在用架裡，有拗步勢和順步勢兩種練法。前文之倒攆猴是按拗步勢的練法解説的（見頁35），本勢則按順步勢之練法解説。

　　1. 承前勢之金雞獨立，左手掌（或拳）在額頭前上方；右手掌（或拳）在體前下垂掩襠，此時為右獨立步勢。隨勢左上掌（或拳），垂小臂以掌（或拳）由上向右向內刁掛，肘要鬆，小臂要回還內旋；右掌（或拳）鬆時提腕變側立掌，置於右耳旁。趁勢左腿下鬆，左腳以腳尖點地，置於右腳前，成右坐丁虛步勢。左掌趁勢摟左膝，然後落於左胯外，掌心向下，指尖向前；右側立掌掌心向左，指尖向前。

　　意勁在左掌，眼平前外視，方向正東。

　　2. 左腳向體後撤一步，重心不變仍在右腿，右坐丁虛步勢變右弓步勢。同時右側立掌向前按擊，發點、擊、推、按四勁；左掌隨左腳後撤，仍置於左胯外，以助其勢。右掌掌心向前，指尖向上；左掌掌心向下，指尖向前。

　　意勁在右掌，眼平前外視，方向正東。

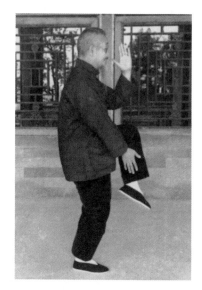

圖六十八：金雞獨立

3. 右掌旋腕，右掌心翻向上，右小臂旋平，置於體前右掌指尖前指；左掌提小臂循右小臂向前推切，掌心向下，指尖向右。此時身向後坐，重心坐於左腿，右腳提腳尖，以腳尖點地置於左腳前，成左坐丁虛步勢。此時右掌摟右膝，掌心向下，指尖前指，然後置於右胯外；左掌於推切後，鬆肘提左腕，變左側立掌，置於左耳旁，掌心向右，指尖向前。

意勁在左掌，眼平前外視，方向正東。

4. 右腳向體後撤一步，重心不變仍在左腿，左坐丁虛步勢變左弓步勢。同時左側立掌向前按擊，發點、擊、推、按四勁；右掌隨右腳後撤，仍置於右胯外，以助其勢。左掌掌心向前、指尖向上；右掌掌心向下，指尖向前。

意勁在左掌，眼平前外視，方向正東。

（按：本勢之2動及4動，皆為順步勢：即2動為右掌在前、右腳在前；4動為左掌在前、左腳在前。此即為用架獨有的順步倒攆猴之練法。）

【應用說明】
見頁**36**倒攆猴的應用說明。

斜飛勢

如果上勢之倒攆猴為拗步勢，此勢之動作則與前文之倒攆猴勢動作相同（見頁35）；如為順步勢時，則應以右後腳前上一步，過重心於右腳。左腳趁勢虛提左膝，以左腳尖點地，置於右腳旁，成右坐丁虛步勢。然後左腳向左外方斜進一步，方向東北。其餘之手、身、步之動作，皆與前文之斜飛勢相同。

【應用說明】
見頁**37**斜飛勢的應用說明。

提手上勢

此勢又名上提手，其動作與前文提手上勢相同。

【應用方法】
見頁**27**提手上勢的應用說明。

白鶴亮翅

此勢又名白鵝亮翅，其動作與前文之白鶴亮翅相同。

【應用方法】
見頁**28**白鶴亮翅的應用說明。

摟膝拗步

此勢之動作與前文之摟膝拗步之 1、2 動作相同。

【應用方法】
見頁 **30** 摟膝拗步的應用說明。

海底珍

此勢又名海底針，其動作與前文之海底珍相同。

【應用方法】
見頁 **39** 海底珍的應用說明。

山通背

此勢又名扇通背，其動作與前文之山通背相同。

【應用說明】
見頁 **39** 山通背的應用說明。

撇身捶

此勢之動作與前之撇身捶相同。

【應用說明】
見頁 **40** 撇身捶的應用說明。

上步搬攔捶

此勢之動作與前文之退步搬攔捶類同，惟此勢為上步，方向正西。

【應用說明】
見頁 **31** 退步搬攔捶的應用說明，惟此勢只區別於進步和退步而已。

上勢攬雀尾

此勢之動作與前文之上勢攬雀尾相同。

【應用說明】
見頁 **26** 上勢攬雀尾的應用說明。

單鞭

此勢之動作與前文之單鞭相同。在做鉤手前，亦可加纏手。方向正南。

【應用說明】
見頁 **27** 單鞭的應用說明。

雲手

此勢之動作與前文之雲手相同。

【應用說明】
見頁 **42** 雲手的應用說明。

單鞭

此勢之動作與前文之單鞭相同。在做鉤手前，亦可加纏手。

【應用說明】
　　見頁 **27** 單鞭的應用說明。

高探馬

　　此勢之動作與前文之高探馬相同。（如圖六十九）

【應用說明】
　　見頁 **43** 高探馬的應用方法。

撲面掌

　　承前勢，左腳向前進步進身，弓膝成左弓步勢。同時左掌循右腕上方，向前立掌蹋掌，掌心向外，指尖向上；右掌掩肘回收，橫右小臂，置於左肋下護肋，掌心向下，指尖向左。

　　意勁在左掌，眼平前外視，方向正東。（如圖七十）

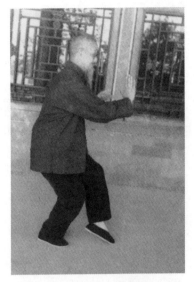

圖六十九：高探馬

【應用說明】
　　敵進犯，我以右掌向下截擊敵手，乘勢以左掌前探而蹋擊之。

轉身十字擺蓮

　　轉身十字擺蓮者，身向後轉，兩手向左右分展，起腿擺踢，其形如十字之謂。

　　1. 承前勢，前左腳尖向右扣腳，旋腰轉身，向右後方轉體一百八十度，面向正西。此時右後腿舒直，右腳跟回收，虛右腳以右腳尖點地，重心集於左腳，成左坐丁虛步勢。趁勢圈左小臂，左掌以橫掌用指尖引導，向右後方旋掌後插，左掌心向外，指尖向右，

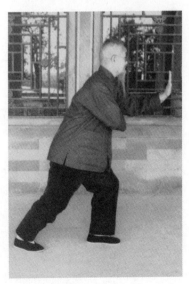

圖七十：撲面掌

橫置於額頭前上方；隨勢右掌仍在左肋下掩肘護肋，掌心向下，指尖向左。

意勁在左掌，眼平前外視，方向正西。（如圖七十一）

2. 鬆腰收右胯，挺右腿繃右腳面，以右腳外側由左前方向右上方擺踢。隨勢舒伸左臂，左掌由右向左前外方拍擊右腳面，再迅速以右掌由左向右上方連擊右擺之腳面，隨後左右兩臂向外展開，與身體成十字狀。此時舒伸兩臂，兩掌掌心向外，指尖向上。右腿擺腳後仍懸提於體前掩襠，左腿獨立，重心集於左腳。

意勁在右腳及左右兩掌，眼平前外視，方向正西。（如圖七十二）

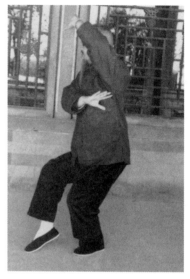

圖七十一：轉身十字擺蓮

【應用說明】
敵自身後進犯，我迅速旋腰轉身，以左掌橫插截撥敵手，乘勢以右擺蓮腳踢之，並加左右兩掌拍擊攻敵。

摟膝指襠捶

摟膝指襠捶者，以騰跳步進身，並以拳前下攻擊敵襠之謂。

承前勢，右腳向前方下落，以腳尖點地。當右腳甫及落地，迅速提頂長腰向前方跳進左腳，繼之再跟右腳，以右腳尖點地，置於左腳旁，成左坐丁虛步勢。同時隨勢左掌摟左膝，掌心向下，指尖向前；右掌變拳，屈右肘，右拳經右耳旁向前下方以立拳斜擊，拳心向左，拳面向前下指襠。此時蹲身，左掌於摟膝後扶於右小臂處，以助其勢。

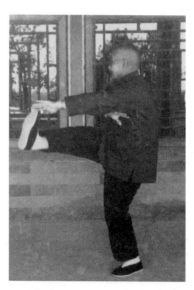

圖七十二：轉身十字擺蓮

意勁在右拳，眼前下外視，方向正西。（如圖七十三、七十四）

【應用說明】
　　敵進擊，我以左掌截攔。敵退逃，我趁勢跳步前進，以右拳進擊敵襠。

上勢攬雀尾

　　此勢之動作與前文之上勢攬雀尾相同。

【應用說明】
　　見頁 27 上勢攬雀尾的應用說明。

單鞭

　　此勢之動作與前文之單鞭相同。在做鈎手前，亦可加纏手。

【應用說明】
　　見頁 27 單鞭的應用說明。

下勢

　　此勢又名七寸靠，其動作與前文之下勢相同。（如圖七十五）

【應用說明】
　　見頁 56 下勢的應用說明。

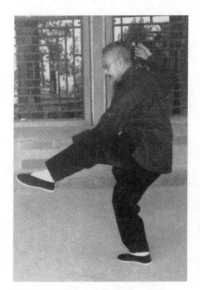

圖七十三：摟膝指襠捶

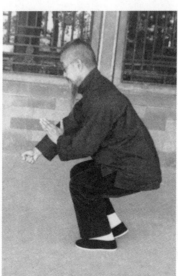

圖七十四：摟膝指襠捶

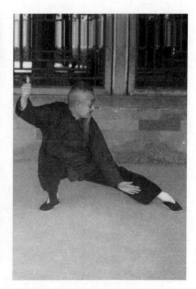

圖七十五：下勢

上步七星

上步七星者，其勢主要為看守兼進攻之用。七星，有喻為人體之七個部位，即：頭、胸腹、襠、左肩、右肩、左胯、右胯。此七部位之形，類似北斗七星之象，故名。

承前勢，於七寸靠之後，左腳尖向前方順直，挺左膝，進身過重心，弓左膝成左弓步勢。隨勢左右兩側立掌，以指尖引導，擦地向前上方穿挑。左側立掌在前，右側立掌由左小臂下循左小臂向前上方穿挑，左右兩掌在腕下交叉。左掌在上，右掌在下，兩掌心分向左右，指尖向上。待重心集於左腳後，右腳前進半步，右腳尖點地，置於左腳前，成左坐丁虛步勢。

意勁在兩掌，眼平前外視，方向正東。（如圖七十六）

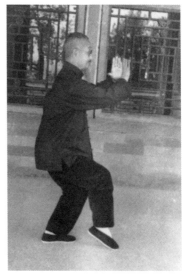

圖七十六：上步七星

【應用說明】
敵自側方進犯，我以左立掌截挑。敵欲退逃，我迅速進步進身，以右立掌切擊之。

退步跨虎

退步跨虎者，喻其勢之形有若猛虎踞坐之狀，故名。

承前勢，右腳向後撤一步，退身涵胸。左右兩立掌變平掌，向前下按採，兩掌置於左膝前上方。然後迅速回撤左腳半步，左腳尖點地，置於右腳前，身體坐於右腳，成右坐丁虛步勢。趁勢兩臂向左右展開，左右兩掌向左右分撐。同時左掌攏鉤向左外方摟掛；右掌以立掌向外撐按，掌心向外，指尖向上。

意勁在左鈎及右掌，眼平前外視，方向正東。
（如圖七十七）

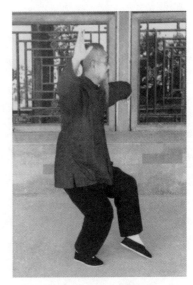

圖七十七：退步跨虎

轉身撲面掌

　　轉身撲面掌者，利用顧盼，旋腰轉身，以掌撲擊
敵之頭面，故名。

　　承前勢，收左胯提左膝，左腳尖右扣，左腳由右
胯外側向右後方進步。此時利用顧盼，轉體一百八十
度，面由正東轉向正西。左腳落步後，過重心弓左
膝，成左弓步勢。同時左手鈎變掌，循右肩外圈左臂
向身體後方推擊；此時右掌亦向右後方摟掛，再掩右
小臂翻右掌，掌心翻向上，屈右肘，右掌置於腹前護
左肋。此時左掌以立掌向體前按擊，掌心向外，指尖
向上，面向正西。

　　意勁在左掌，眼平前外視，方向正西。

轉身雙擺蓮

　　轉身雙擺蓮者，利用顧盼，旋腰轉身，以雙掌拍
擊，再以腿擺踢敵身之謂。

　　1. 承前勢，左腳尖向右回扣，旋腰轉身，由面向

正西轉至面向正東，轉體一百八十度。趁
勢右掌外上翻掌，變立掌，掌心向外，指
尖向上，循左小臂外隨轉身向右外方穿
撥。右臂外展平伸，同時左掌隨轉身亦回
攏左臂，將左立掌置於右肩前外方，掌心
向後，指尖向上。待重心完全集於左腳
時，右腳收腳跟，成左坐步勢。

2. 鬆腰腹，輕抬右腿，起右腳繃右腳
面，由身體左側向右上方擺腿。此時左右
兩掌隨勢向前舒臂，以兩掌在身體正前方
輕拍右腳面，兩掌掌心向下，指尖向外。
右腿擺腳後，仍懸提在體前。

意勁在兩掌及右腳，眼平前外視，方

向正東。（如圖七十八、七十九）

彎弓射虎

彎弓射虎者，其勢如騎於馬上，彎弓
射獵猛虎之狀，故名。

1. 承前勢，右腳擺腳後，向體前落
步，進身弓右膝，成右弓步勢。隨勢上擺
之左右兩掌，於拍腳後變兩拳，鬆垂兩
臂，將兩拳置於右膝前之兩側護膝。兩拳
面向下，兩拳眼相對。

意勁在兩拳，眼前下視。（如圖八十）

2. 屈兩肘，微圈兩臂，提兩拳至右肩
前。右拳在上，左拳在下，兩拳眼仍相

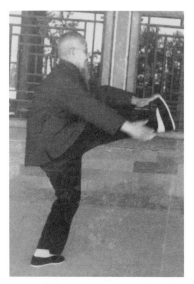

圖七十八：轉身雙擺蓮

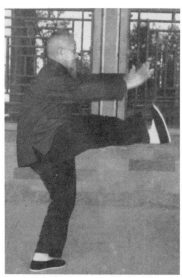

圖七十九：轉身雙擺蓮

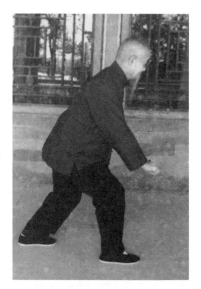

圖八十：彎弓射虎

對。此時以兩拳面向身體左側外方貫拳撥擊，右拳橫置於額頭前方；左拳對置於右拳下，掩護前胸。兩拳心皆向外，拳面向左。

意勁在兩拳，眼左前方外視，方向正東。（如圖八十一）

3. 鬆腰腹，左腳前進一步，進身弓左膝成左弓步勢。隨勢左右兩拳向右外掛撥，垂兩臂兩拳下栽，置於左膝前之兩側護膝。兩拳面向下，兩拳眼相對。

意勁在兩拳，眼前下視，方向正東。（如圖八十二）

4. 屈兩肘，微圈兩臂，提兩拳至左肩前，左拳在上，右拳在下，兩拳眼仍相對。此時以兩拳面向身體右側外方貫拳撥擊，左拳橫置於額頭前方，右拳對置於左拳下，掩護前胸。兩拳心皆向外，拳面向右。

意勁在兩拳，眼右前方外視，方向正東。（如圖八十一）

（按：惟此動之左右肢互換。）

【應用說明】
敵進犯，我以左右兩拳撥截。敵以腳踢我，我用雙拳下鎖護膝。敵退逃，趁勢提兩拳貫擊之。

下杈子手

下杈子手者，向下方做左右杈子手之謂。杈子手為用架獨有的拳法之一。

1. 承前勢，退身撤腰，重心退於右後腳，前腳隨勢提左膝，以左腳尖點地，成右坐丁虛步勢。同時左

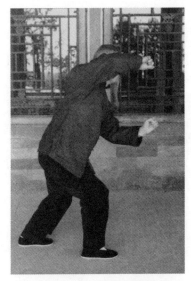

圖八十一：彎弓射虎

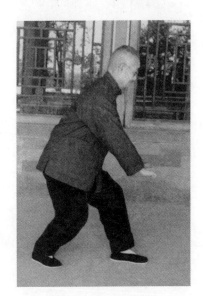

圖八十二：彎弓射虎

右兩拳變兩掌，兩掌隨勢交叉下插，左掌在外，右掌在內，兩掌心皆向內，指尖下指。繼而下插之兩掌，分向左右側撥截，置於左膝兩側前。

意勁在兩掌，眼前下俯視，方向正東。（如圖八十三）

2. 迅速進身，左腳向前進步，過重心；右後腳跟進，右腳尖點地置於左腳旁，成左坐丁虛步勢。同時左右兩掌再交叉下插，右掌在外，左掌在內，兩掌心皆向內，指尖下指。繼而下插之兩掌分向左右側撥截，置於右膝兩側前。

意勁在兩掌，眼前下俯視，方向正東。（如圖八十四）

【應用說明】
敵以手攻擊或以腳踢擊，我迅速撤步退身，以兩掌截撥，繼而以掌點擊或發勁剁擊之。

簸箕勢

簸箕勢者，言其勢之雙手如執簸箕向前挫潑之態，故名。此勢為用架獨有的拳法之一。

承前勢，再進左步，跟右腳，以右腳尖點地，側立於左腳旁，成左坐丁虛步勢。同時左右兩掌外翻，手背向內吐掌心翻兩掌，兩掌心翻向外，指尖下指，繼而舔兩腕，以兩掌向前方挫擊。

意勁在兩掌，眼前下俯視，方向正東。（如圖八十五）

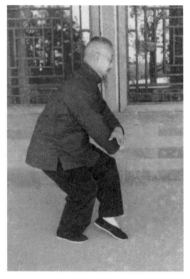

圖八十三：下杈子手

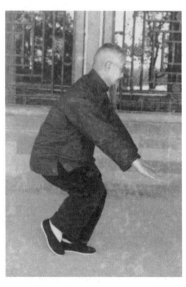

圖八十四：下杈子手

游盪捶

　　游盪捶者，身手向左右游盪，以兩拳分擊之謂。此勢又名烏龍倒取水，為用架獨有的拳法之一。

　　1. 承前勢，兩腳倒重心，重心換於右腳。右腳跟落地後，左腳前進一步，落地時左腳右扣九十度，隨勢橫身扣左腿，身體右轉九十度，面向正南。蹲身變重心成騎馬步勢，重心集於兩腳。同時左右兩掌變兩拳，兩拳心向內，拳面向下。鬆垂兩臂，兩拳垂於腹前。

　　意勁在兩拳，眼前下俯視，方向正南。

　　2. 兩拳以右拳引導向身體右側輕盪，身體重心亦隨之盪向右腿。隨即再以左拳引導，兩拳返向身體左側回盪，身體重心亦隨之盪向左腿。兩拳心仍向內，拳面向下。

　　意勁在兩拳，眼先向右，繼而向左體前外俯視，方向正南。

　　3. 繼之兩拳盪回體前，重心集於兩腳。再迅速以兩拳分向左右側盪擊，置於左右膝外側，鎖住兩膝。兩拳心仍向內，拳面向下。

　　意勁在兩拳，眼左拳外俯視，方向正南。（如圖八十六）

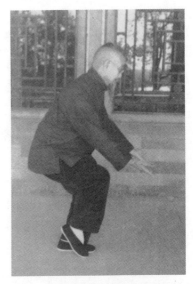

圖八十五：簸箕勢

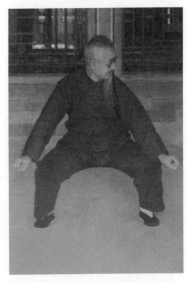

圖八十六：游盪捶

【應用說明】

敵由側方進犯，我迅速出步轉體變騎馬步勢，以兩拳下截。敵退逃，我隨其勢向左或向右游盪撞擊，並以兩拳因其逃向而分擊之。

合太極

合太極者，全套用架研練完畢，虛實、動靜、開合、剛柔、摺疊、轉換歸一，復還其始之謂。

承上勢，提頂長腰起身，左腳收至右腳旁成自然步勢。兩拳變兩掌，掌心向下，指尖前指，分置於身體左右兩側，掩於兩胯旁。眼平前外視，身體直立，鬆腹沉氣調勻呼吸，鬆兩腕，兩掌十指下垂，合太極還原。（如圖八十七）

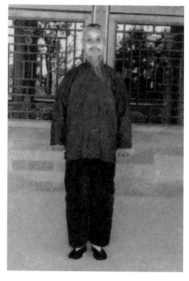

圖八十七：合太極

吳圖南用架的理法輯要

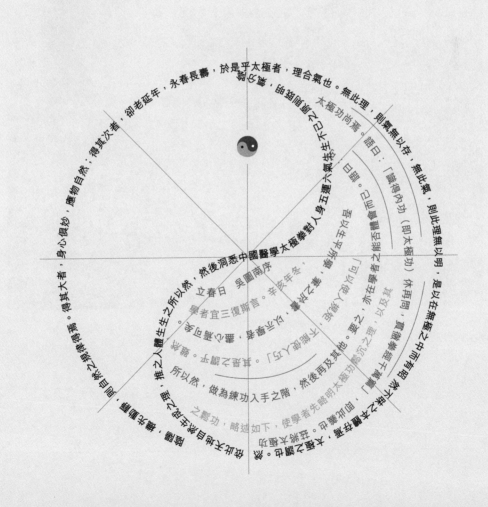

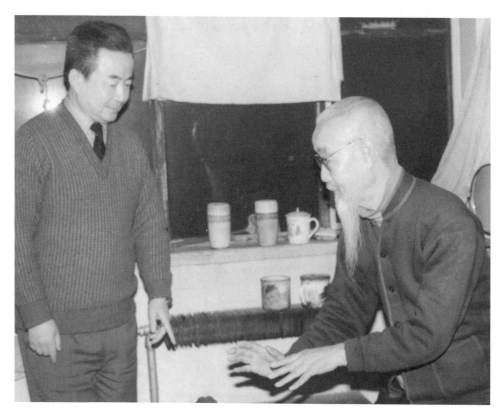

吳圖南給馬有清傳授太極拳

楊少侯先師教拳，連摔帶打

吳圖南先師介紹自己學練太極拳的經過時說："我自幼年和吳鑑泉先師學太極拳八年。後來又向楊少侯先師學太極拳四年。楊少侯先師是楊健侯先師的長子，他曾過繼給楊班侯先師為子。楊少侯先師就是近代鼎鼎大名的楊澄甫先師的大哥。兄弟二人的年齡相差十九歲。楊少侯先師的脾氣很古怪。教人的時候也選擇的很嚴格，如果不成材的他就不教。因此他一生只教了我們幾個徒弟。這些人是：田肇麟、尤志學、東潤芳、巴潤芝（後來叫馬潤芝）、劉希哲、還有我。那時候我用的蒙古族的名字叫烏拉布。我跟楊少侯先師學拳時，是把老師請到我家裡來教我的。這位老師很厲害，連摔帶打。跟他學拳，他一伸手我就摔了個後仰，再一下把我撞到牆上去。我們家那時候住的房很大，練功的大廳當中有六扇風門，晚上關門要上木栓。門的兩邊各有一個鐵套環釘在柱子上，上栓時把木栓橫插進去。我印象最深的一次是，老師一撒手，我的腰正撞到門柱的鐵套環上，疼痛難忍。老師說：'怎麼啦，沒志氣。'我連忙說：'有志氣、有志氣。'可是再來的時候，我要躲着點那柱子上的鐵套環了。那時我家裡的桌子椅子是紅木的。椅子背打掉了變成個凳子，凳子面板砸沒了，變成個火爐架子。後來每逢老師來家裡教拳，我祖父叫人先將家具擺設挪開，預備着摔打。練功時老師怕我偷懶，由廚房抬來四張油桌，油桌的桌腿較高，是廚師專為站在那裡切菜用的。把這四張油桌拼起來，叫我鑽到桌子底下去練。如同練太極拳招功裡有個矮式叫'七寸靠'，就是用自己的肩膀去靠對方小腿上的七寸之處。差不多的老人都知道那時候我受的許多罪。總之我認為要把太極拳練好，除了要有真傳之外，你必須要有萬夫不當的勇氣，要有百折不回的毅力。否則必然是功敗垂成。"

用架要分三個層次練習

吳圖南先師講：練用架首先要練鬆功，鬆功是太極拳的基本功。這鬆功練起來很不容易，要由腳趾、腳腕、膝蓋、腰、兩肩、上臂、小臂、手腕、手指、脖頸等全要練到鬆開。這麼一練，差不多把人給拆散了。練完鬆功然後再練用架的三步功夫。

第一步功夫叫招功。太極拳畢竟是個拳種，這麼一來幹甚麼使，那麼一去幹甚麼用，你必須弄清楚。比如這套用架一開手的時候，也是練攬雀尾。攬雀尾分成三步來練，一個叫权子手、一個叫雀起尾、一個叫鳳凰三展翅。三個動作結合在一起，總的名字叫攬雀尾。

這個姿式和動作是不管對方進擊甚麼手法，只要一伸手就把他制服。又如單鞭，既叫單鞭，就是別乎雙鞭而言。就是用一隻手去打人。單鞭的鈎子，就分"鈎、掛、鋸、錯、抖、彈"六勁。使用時步法、身法要隨着走。必須做到上下相隨，這是鈎子的幾種變化。至於用法是如果對方從背後打來，這時我們把身體往下一蹲，一轉身突然的一掌，就可以擊中對方的要害。斜飛勢和下勢，又名"七寸靠"。就是用我們的肩膀去靠他的小腿七寸的地方，就是上邊一接手，你整個人刷地一下就蹲下去了，用肩靠他的七寸之處，對方便跌出尋丈之外了。另外是腿法，有二起腳又叫二起蹦子、分腳、蹬腳、踢腳、單擺蓮、雙擺蓮等，要不是下過深功，是很難應用的。總的來說這套用架共有二百多個動作，要在三分鐘左右的時間內把它練完。其動作之快，功夫之純熟，如果哪一方面不得其法，最主要是傳授上不得其法，就很難練好和應付自如

了。用架的招法都會使了，但還不算成，因為你只知道死譜，不知道變化。所以"論一勢之得失，分一手之勝負"，這僅僅是初步功夫而已。

在談到為甚麼練招功只是初步功夫呢？吳先師解釋說："'招'者，方法也。方法有固定之方式，亦只局限於某種形象之內。其特點僅適合於主觀願望方能應用，且受招數之限制。超過套路招數之極限，則有'招'盡之感，而無法應敵矣。有所謂'絕招'之說。此不過指比較而言。如甲不能應付乙之'招'，則乙之'招'即可謂之'絕招'。否則，不惟不足以稱為'絕招'，並'招'之作用亦失其效矣。因此'招'有時而窮盡，原因是'招'者係所用之方法也。方法合於此，必失於彼，合於彼必失於此。雖然如此練習太極拳用架，必須經過此一階段。即王宗岳所謂：'招熟'是也。求之今日，能將太極拳各式之應用，以及'八法五步'一一運用純熟自如者，已不多見，何況其他。亦即拙作各書中謂：'若夫論一式之得失，談一手之當否，即以為悠然自得者，在練習太極拳用架過程中，品斯下矣'。此之謂也。"

第二步功夫叫勁功。吳圖南先師說："勁功，是練用架的中級功夫。'勁'是甚

麼呢？為甚麼不叫力呢？就是別乎拙力而言。'勁'就是太極拳的技術巧力。或者說'勁'就是學力。它很巧妙，幾乎很輕鬆的就能制勝對方。'〈太極拳論〉曰：'由着(招)熟而漸悟懂勁'、'懂勁後愈練愈精。默識揣摩，漸至從心所欲'。故'招'者，研究方法者也，'勁'者研究變化者也。方法有時而窮盡，變化則如循環之無端。至於太極拳用架之練習，其目的在於捨'招'練'勁'。'勁'之研究有二：一為漸悟；二在乎練。勁運用純熟，表現出一定之形勢，亦可轉換為'招'，而'招'運用純熟，則不能轉換為'勁'。原因是'招'為外形之表現，有定式、有定形；'勁'為內在的。無成式、無定形，為研究勁路變化之一種科學。亦即研究運勁發勁之理；剛柔動靜之機之學也。通過一定時間之鍛煉與體會，自然能得出一種規律。以此規律來應付一切，油油然而有餘。因此認為'勁'之變化，如循環之無端，孰能窮之哉！再能通過漸悟之途徑，而能達到愈練愈精，捨己從人客觀之目的。""至於練勁之法，因人而異，隨其所好，各有不同。有喜變化者，即練習'化勁'之法；有喜發人者，即練習'放勁'之法。諸如此類，亦在練者之自擇耳。"《吳圖南太極功》與《吳圖南

嫡傳打手要法》二書中，有多種'勁'的說明與操練之法，學者可參照練習之。故用架於用勁之法，多所發揮。較之練行功(慢架)之專斤斤於一技之得失與招法之切磋者，真有高下之別也。

第三步功夫叫氣功。用架所運用的氣功，不是一般的氣功。它是為練太極拳而練的氣功，也是因練太極拳的基本功而產生的氣功。前文已經講到用架是以招熟之後，漸悟懂勁，最後達到階級神明之地步。故用架是以"勁"為主，可以"招"、"勁"並用，但要求以"凌空"為極至。吳圖南先師說："氣功是用架練法上的高級部分，就是說無形無象、全身透空，氣分陰陽、機先動靜。簡單的用這四句話就可以包括下來。"

吳先師講太極拳的氣和氣功的文章很多，以下選錄一些較淺顯的文章，以便讀者對於氣和氣功的運使有些初步的了解。

吳先師談到太極拳的氣時說："現在有許多人研究人的氣。我說的只是太極拳的氣。不是一般氣功談的那個氣。兩者的主要區別在於太極拳是練拳時以心行氣，氣遍周身，是這樣的氣。這氣由哪裡來的呢？一個人吃了五穀雜糧之後，五穀的精微就產生出一種氣。另外呼吸進來的空氣

是一種氣。這兩種氣合起來到了胸部就叫宗氣。宗氣能支配全身，上至頭頂下至腳，四肢百骸無微不至。同時它有選擇的把營養周身的東西送到血管裡叫營氣；把不聽話的驃悍之氣派到血管外邊，讓它通過肌肉腠理皮毛一直到周身的外邊。一個人看着好像沒有'氣'，其實每個人身體的外邊都有'氣'的。這個氣就叫衛氣。它管皮膚上毛細孔的開放和收縮。天氣冷了毛細孔併起點來。天氣熱時開放點。太熱了全開放人就感覺涼爽了。毛細孔還營一定的呼吸作用，幫助減輕肺所負擔的呼吸作用。這些可由練太極拳得到效益的。太極拳'氣'的應用可以分為兩步，第一步叫做運氣，運氣是把氣運到周身，想叫它到哪裡它就到哪裡。周身內外由五臟六腑到四肢百骸，無一處不能運氣，身體也無一處不能打人。你也可以隨便往哪裡按我，我那裡就能打你的。第二步叫做使氣。既然能做到運氣了。如何能使氣出於你的身體之外，而又能達到對方的身體上去。然後要使你的氣跟對方的氣溝通。兩個人變成一個。這個時候就可以運用自如了。你想叫他跪下他就跪下。你想叫他躺下他就躺下。他這個人就受你控制了。""就是說你練的太極拳傳授得當，技術也正確，則你

的功夫愈深，你的氣就愈強大，它也是在應用時變化很快的動力。經過訓練運氣和使氣就可以得心應手了。"那麼用架以"凌空"為極至，"凌空"又怎樣理解呢？吳先師說："太極拳在應用接手的時候，大體上分兩種接手：一種是兩隻手和兩隻胳膊跟對方接觸，就像一般的打手；如果兩個人還沒有接觸，就能夠由一方制勝了另一方，就屬於另一種。它是太極拳所謂的高級部分，就是'凌空'。'凌空'的第一步就是要練功。它是由於練而產生出來的。一個人的'精'跟'氣'是兩種物質，兩個合在一起產生出來'神'。也就是說'神'是最結晶的東西。它微妙得很，陰陽不測之謂'神'。你說它是陰，它不是陰，說它是陽，它不是陽，因為它如果是陰或是陽，就變成陰陽了。它是陰陽這兩個東西在交接問題方面所產生出來的物質，就是'神'。下面再談接手時，怎樣以'神'相接呢？如果兩個人的手或臂接觸上了，是使的近距離感覺。因為接觸上了，用的是觸覺。但我們講的'凌空'是遠距離感覺。遠距離感覺大致可分為視覺、嗅覺和聽覺。在我們還沒有跟對方接觸之前，這時候眼也在看，鼻子也在嗅，耳朵也在聽，處處都用遠距離感覺。這樣對方的一切，

連內臟到外表全要測它。他的脈搏、血壓、呼吸等全聽見了。這樣全身透空之後，我們就一目了然了。斯時我們去接他，就無處不可接了。遠距離感覺也可以叫遙控。我們用‘神’就可以在較遠處將他控制起來。所以不必有形有象，在無形無象之中已經合為一體了。全身透空對自己來講，任何一個東西都不能加在我們的身上就叫全身透空。這樣再彼此往來才能應物自然。所以離而未發，你即能知其將發。他何處欲動，你即知其將動。換句話說是在你沒跟對方接觸，甚至你還沒有用遠距離感覺時，你已經對他瞭如指掌了。故你隨便到他哪裡，則如入無人之境。這個時候，敵欲變而不得其變，敵欲攻而不得逞，敵欲逃而不得脫，斯為上乘。這才叫上乘的功夫。”吳先師早年曾作過“凌空勁歌”一首，歌中寫道：“露蟬、班侯、夢祥（少侯）間，三世心傳凌空難……先須啄勁練到手，再練盪勁不費難，離空諸勁都學會，哼哈運氣亦練全，彼此呼吸成一體，牽動往來得自然，此時再學凌空勁，堅持功夫一二年，手舞足蹈隨心意，至此方叫功夫完。”上述功法在《吳圖南太極功》及《吳圖南嫡傳打手要法》皆有詳述，讀者可以參照研習。

練用架須要養氣和立志

吳圖南先師說：“要練好用架，必須精足氣盛。我認為，氣猶水也。太極拳用架猶浮物也。水大而物之浮者，大小畢浮。氣之與太極拳用架猶如是也。氣盛則手法之短長與姿勢之高下皆宜也。韓退之云：‘無望其速成，無誘於勢力，養其根而俟其實，加其膏而希其光，根之茂者其實遂，膏之沃者其光曄。’此之謂也。雖然不可以不養也。‘氣’，體之充也。內善養吾浩然之氣（所謂浩然者，盛大流行之貌。‘氣’即所謂體之充者，本自浩然。失養故餒。為善養之，以復其初也。久之，志一意靜，心不妄動）。其為‘氣’也，至大至剛，充塞乎人體之間。夫所謂內以善養者，蓋內氣能否善養，則操之於我。立志堅定，則氣不妄動。攝生寡欲，心神合一，則達到精氣充而神靜。所謂至大者，初無限量；至剛者，不可屈撓。本人身之正氣，人得以生者。能善養之，則體健身輕，益壽延年，能達到長壽目的。外以直養而無害者，蓋因外氣易動，動則牽動內氣，實由於外來刺激有以致之，非由於我也。故以直養為宜耳。所謂外氣以直養者，而又無所作為以害之，則本體不虧，而充塞無間矣。則直養非有相當之修養，

78

殊難奏效。雖然，養氣豈易言哉！昔歐陽永叔嘗言：'有動乎中，必搖其精。'太史公謂：'事有關於宦豎，莫不傷氣。'蓋其內外本末，交相培養，方克有濟。然後由於精氣之充，發為作用——神全。自強不息，樹雄心，立大志。所謂志者，心之所之也。人固當敬守其志，然亦不可不致養其氣，充滿於身。雖其心未嘗必其不動，而自然不動，達到靜之目的。再能持之以恆，前進不已，不屈不撓。其發之為拳也，自然舉止靈敏，動作迅速。進退擬合，無往不利。捨己從人，應物自然。全身透空，因敵變化。實因內具百折不回之毅力，萬夫不當之勇氣，表裡相因，其神全也。故太極拳之用架之為用，全恃精足氣盛而神全。內增毅力與勇氣，外具全神之籠罩，神形合一。《朱子全書·性理》載：'氣一也，主於心者則為志氣。主於形體者即為血氣。'此內氣外氣所由分也。勇決不餒，此太極拳用架（快拳）別乎行功（慢架），當以養氣為先也。"吳圖南先師在其所作之《太極拳斂聚神氣論》中說："人之生機，全恃神氣。清氣上浮，無異於天。神凝內斂，無異於地。神氣相交，亦宛然一太極也。"又說："故習太極拳者，應以養心、定性、聚氣、斂神為

主。若心不能安，性即擾之。氣不能聚，神必亂之。心性不接，神氣不交，則全身之四肢百骸，莫能一氣。雖依勢活動，而難收成功之效也。"他說："欲求安心、定性、斂神、聚氣，則基功（太極功）之法不可缺，而行功（慢架）亦不可廢。學者須於動靜之中，尋太極之至理；於剛柔之中求生剋之玄機。然後由太極而入於無極。心性神氣，相倚相隨。則心安、性定、神斂、氣聚，一身之中太極成，陰陽交，動靜合。全身之四肢百骸，周流通暢，不粘不滯。斯可謂得斂聚神氣之法矣。"

用架（快拳）首重其勢，妙在於熟

吳圖南先師說："太極拳用架首重其勢（勢者力之奮發也，作勢者也）。平素鍛煉，儼如應敵。應敵而出，以不遠不近，不先不後，適中其節（節者一定之度數也，而中為貴），是有勢存焉。長則謂之勢險；短則謂之節短，方殊而理則一。故猛獸將搏必伏形；鷙鳥將擊必斂翼，將以用其勢也。正《孫子兵法》所謂：'險短之勢'矣。其言曰：'激水之疾至於漂石者勢也。鷙鳥之疾，至於毀折者節也。故善戰者，其勢險，其節短。'蓋險者，峻急之

意；短者，促迫之候。險則氣盛，而其發也暴；短則力全，而其應也速。故虎之搏物，一蹴而至；隼之擊物，一擲而下。使虎自遠而奔馳；隼自遠而翱翔，則必氣軟而力微，安能搏執之哉！再就拳鬥者觀之，人之退極，而迫之者其反受拳必重。是亦勢險節短之理也。又曰：'勢如彍（音霍，弩滿也，張也）弩，節如發機。'蓋彍弩者，張滿之弩也；發機者，發弩之牙也。弩張之滿則矢勁；牙發之審則矢親。兵勢以險，言險主於力，故如彍弩也。兵節以短，言短主於中，故如發牙也。此發明險短二字之義。蓋養氣蓄力謂之險，敵近而擊謂之短。險者敵不能當之；短者敵不能避。倘使敵兵未至，猶在百步之外，遽兵奔趨以赴之，不惟氣匱力微，不穿魯縞。《漢書‧韓安國傳》：'彊弩之末，力不能入魯縞（魯縞，即魯國所產之細薄之絹也）。'抑且敵得以迴避，徒自弊而空還，為敵所揣，是由佈陣無遠近之宜，出奇失緩急之候故也。故復借此以發明，示人之意切矣。太極拳用架善能致人，近而使之遠；遠而使之近，引之使來，就吾之勢節也。此與《孫子兵法》不謀而合者也。

太極拳用架，其妙在於熟。熟能生巧，熟則心能忘手，圓活而不滯。又莫貴於靜也。靜則心不妄動，而處之裕如，變幻莫測，神妙無窮。有虛實、有奇正，其進銳、其退速、其勢險、其節短，不動如山，動如雷震。法欲簡、立欲疏（鬆靜之義）。非簡無以解亂之糾，非疏無以騰挪進退，左右（指手足）相倚，則得既舒其氣，展其能，而不至於奔潰。《孫子兵法》云：'氣盈則戰，氣奪則避'，是也。"

談談行功與用架的速度問題

吳圖南先師說：初學行功（慢架）時，入手時當以慢為主。原因是初學太極拳練架（行功慢架）者，必須經過換勁之過程。換勁者，即將本身之拙力，通過鍛煉，變而為輕靈活潑之力之謂也。一般初學太極拳練架（行功慢架）者，知動手不能同時動足，知動手足又不能同時動腰與肩臂。再就動作之理會而言，何為而舉手而動足乎？何為東一捶而西一掌乎？何為而俯仰蹲伏偃臥乎？變態百出嘗有捉摸無從之感，其故何哉？蓋太極拳開始練習之際，中樞神經及末梢神經皆營相當之作用。而在運行各種姿勢動作時，有主動作用、方向作用、調整作用、靜止作用等等。諸作用協調而成，方能完成隨心所欲之完美動作。惟練一定姿勢動作，其巧拙與神經機能有相當之關係。鍛煉既久，方能收機敏巧致之效。無論何人，未有生而能營精巧各種動作者。當開始練習時，主動肌作用或過強，或過弱；頡頏肌營無為之努力，因此常營動作之肢節，呈剛僵如無關節之狀。此在初練太極拳時所屢見者。不惟如此，即方向作用及靜止作用，亦不適當。往往動作於不合己意之方向，終失身體之舒適均衡狀態。然練習多數姿勢動作後，知覺神經愈益敏銳。運動神經中樞及末梢之機能，亦愈確實。減少運動刺激之錯誤，遂得易行種種之姿勢動作。故所謂太極拳家者，雖學習最新之套路，亦能立悟其要領。在比較短的時間內，能仿行種種新動作，此即所謂換勁是也。然練習太極拳必須經過此換勁之途徑，姿勢方能正確，動作方能漸趨自然。凡此皆自慢中求而得之。然而此不過練習太極拳過程之一階段而已（練行功慢架分定式練習，即基本功，與連勢練習二階段）。然則太極拳究竟速度問題如何？蓋太極拳既為武術中一種拳術，又為運動項目之一，自與其他運動項目同為增強人民體質鍛煉工具之一。亦即從人類對自然界之鬥爭，與根據生活之需要，而不斷發展而來。特別是經過我國不斷總結經驗，推陳出新。取其精華，去其糟粕。加以改進而形成現在獨特風格。既已名"拳"，而其原則不能離開兵法，孫武曰："兵聞拙速，未睹巧之久也。"初學太極拳練架（行功慢架）之所以示人以慢者，惟恐初學者貪快，姿勢不易正確，動作不易自然。再就生理基礎上加以分析研究，則練習太極拳練架（行功慢架）時（包括定勢和連勢），採取徐緩方式，自有生理上之根據。當肌作用營主動作用、限制作用和靜止作用時，肌作用中灌溉於該肌之血量增加，前已略述。而肌之收縮時間徐緩（即慢），比收縮時間迅速消失者，其增進肌營養而促其發達之度為大。通過血液含量計測驗，則知衝動之運動時，血液移入肉質部分者甚少，此由實際測驗而證明者也。且徐緩之動作能達到身體各部完全之練習，及充分之實施。而急速衝動之練習，其不受訓練之肌，有伸展不完全之現象。故姿勢之動作，不免有不確實之表現。故自肌營養及機能上觀之，肌收縮次數雖相等，然究以徐緩及連續之練習運動為有益也。此在初步練習太極拳者，以慢為主之生理根據也。待其姿勢與動作既正確且自然矣，招法亦已純熟，則當敵速，則我更速；敵慢則我亦速。然後再練太極拳用架時，自有如此之一感覺，即覺太極拳練架（行功慢架）頗為笨重，實無絲毫輕靈之態之感。原因是太極拳用架，為箇中之秘，師弟傳授代不數人。用架以“勁”為主，“凌空”為極至。進退轉換，迅速異常。求之今日，幾成絕響。

太極拳用架所以神速者，在於每一姿勢必須達到極嚴格之要求，而縮短其歷程，愈快愈妙，漸能捨“招”變“勁”。蓋“招”之速度為手足動作往返之歷程，“勁”之速度為意氣神經之傳導之轉換。根據實際之測驗，“勁”每秒鐘能達到百米左右之速度。而“招”之往返，需一、二秒之速度。因此說明“勁”之速度比“招”之動作，約快數倍。故太極拳用架（快拳），實因鍛鍊造詣既深，反應時間縮短，而令動作敏捷。此從表面觀有如此至。從生理方面加以檢討，通過太極拳用架（快拳）之巧致練習，能促進神經中樞及末梢神經之生長，且太極拳用架（快拳）之特點，則在將意識集中於令一群之肌簇動作時，能促進該肌群之運動中樞之發達。並能增強其反射運動之敏捷。練習既久，不惟增進其腦回轉及中樞反射，且能增大自運動中樞達於肌膚之運動神經纖維之直徑之粗壯。並能增進運動中樞之機能，及由中樞之刺激傳導能力。此因意識集中於作用肌，對於支配該肌之神經中樞，增加輸血量，增進肌營養，而促其發達之度數為大，有以致之。不通過太極拳用架（快拳）之練習，不能收此效果。故太極拳用架（快拳）之速度，實非一般所謂“招”之手足往返快慢之快也。倘未練習太極拳用架（快拳）之人，而勉強將太極拳練架（行功慢架）加速而練，則自取忙亂。亦即所謂：“欲速則不達也。”學者須三思之。

用架身、手的尺度與呼吸

吳圖南先師說：“練習太極拳用架，要立身中正，不偏不倚。當發即發，不可遲疑。前手居中，護住中線（中線者，即上鼻端、中前手、下前足尖也）。來得緊，去得硬（硬者，冷脆之義也）。不遮不架是個空。前手護住全身，左右移動不可失中半尺之徑。蓋人身側形，不過六、七寸耳。揮出半尺，即不能及我身膊矣。倘彼手開遠，我力已盡，有何益哉。一藝之精，其難解有如此者也。

至於太極拳之呼吸問題，練架（行功慢架）自開始盤架練習，以至於招法應用，及普通推手，均以自然呼吸為主。所謂自然呼吸者，指動作與呼吸任其自然，不加以控制與利用而言也。用架則不然，原因是用架縮短動作之歷程，亦即由徐緩之運動轉換為急速之運動。故其用氣，以氣貫周身斷續不停為上。至於其呼吸，因已鍛煉至細、長、深、勻，故為'息'。而非一般之呼吸。能以自身之'氣'、'息'，控制對方之呼吸，以求致用之全勝，善之善者也。"

結語

　　用架練習既熟，久而久之，漸悟其中之規律。因悟其縱橫曲直，反覆相生，雖多變化，要在求得玲瓏活潑，無所拘泥，無所不可，則活學活用無不通耳。實由於招法精熟，發之理既通，運勁發勁，剛柔動靜之機已明。掌握全面，則全體各部做到，無一處不輕靈、無一處不堅韌、無一處不沉着、無一處不順遂，通體貫串，絲毫無間。自然心恬意靜，變化環生。然後悉心體查，加意探討：點擊推按、鈎掛抖彈、分擺踢蹬、踏踩銷勾、進退擬合、截絡拿脈、掐筋閉穴、盪氣封喉、啄劈碰挫、吸引拿放、哼哈呼吸、凌空抖擻。對於推手八法，步法五方，尤須精湛。反骨節鍛煉正常，發勁輕脆，豁然有聲。此其外形顯而易見者。至於接手蹜勁，虛實離空並用。內中以氣先勁後，相互吸引。意識與精神相結合，達成神滿氣足。遂心所欲，全體發之於毛。所謂："不用顧盼擬合，信手而應，縱橫前後，悉逢肯綮。"用架之功，完成其大半矣。

後記

現再就本書序言裡的兩個問題向廣大同道和讀者做些解釋。

一個問題是關於給吳圖南先師拍攝用架的事，另一個是關於太極功統序和師徒關係的情況，向大家剖白。

我在本書前面的序言裡曾寫了一些給吳先師拍攝用架的情況。或者有些青年朋友會問："拍一套近百張的拳照，用數碼相機去拍，有兩、三個小時就可以了。怎麼能耗時將近一年呢？"當時我也希望能擁有更好的先進器材來拍拳照，那該多好。很可惜，在二十世紀六十年代初期，中國內陸經濟還很落後，對外也很封閉。照相器材既落後也買不到。那時能擁有一台國產相機就很夠派了。進口的照相機就更難求了。幸運的是，我尋找了好長時間，才在二手貨市場買到一台德國軍用的135型相機。我如獲至寶，愛不釋手。這台相機立下了很多功勞。我用它給一些大師拍照，留下了極珍貴的資料。吳圖南先師的用架，就是用這台相機拍的。

有了照相機，卻配不上閃光燈，因此想拍照就必須用自然光。照相用的膠卷也缺乏。進口的根本沒有，國產的也很少。當時能買到的，只有河北省保定市一家生產電影膠片的電影卷，剪裁成三十六張在商店出售。這種"裁卷"沒有好的包裝，用黑紙一包紮，如果想用，必須要在商店的暗室裡才可裝卸。由於產品不規格，每批"裁卷"的厚度都有差異。膠片兩側打的齒孔也不均勻。這種膠卷標明是二十一定，但不準確。感光度不好掌握。由於膠卷不規格，往往在拍照時齒孔卡住膠卷或是鬆脫了膠卷。過片的數碼在不停跳動，但實際上相機內的膠片沒有過片。等沖印出來時才發現一張也沒拍上。怎麼辦，只有重拍。但重拍也不一定保證不再出現問題。

吳圖南先師當時住家在北京西城西直門內曉安胡同。我的家住在東南城崇文門外。北京城區的四邊距離每邊十華里。要去吳先師家，由東南城到西北城，不計算穿街過巷的距離，大約相距十五華里。我早晨出發如果是早七時，搭公交車到吳先師家約用一個半小時。接上師父一起先出西直門到北京動物園。再由北京動物園換乘去頤和園的公交車。一般情況下到達頤和園時已經是上午十時左右了。進園後師徒由萬壽山東麓下邊的諧趣園或大戲台登山（諧趣園和大戲台是兩個景點）。到達拍照場地景福閣時就已經快到十一時了。在景福閣走廊內略做休息就開始工作。此刻最要緊的事是天氣必須陽光充足。因為是在大罩棚下用自然光。如果天氣變化，突然烏雲密佈，或者風沙細雨，影響採光，這時就必須停工。甚至白去一趟，空手而回。

最困難的是吳先師當時已經年近八十歲。用架的姿勢動作難度大。吳先師不能拍得太多，每次拍十張、十五張就要休息了。有些高難動作如：下勢、斜飛勢的七寸靠、分腳、踢腳、蹬腳、二起腳、擺蓮腳等，拍了又拍，也不一定達到吳先師的理想。尤其是拍騰跳步的摟膝拗步、栽捶、指襠捶時，人要在騰空時把它拍下來。這些動作費時、費力、費片太多，用千分之一秒的快門最合適，但我的照相機最大快門只是五百分之一秒。

基於上述種種原因，工作進度非常緩慢，以至春去秋來尚未完工。記得有一次拍得較為順利。天氣好陽光充沛。膠卷沒出問題、先師精神好也高興。一連拍了近二十張。等沖印出來一看，全不能用。甚麼原因呢？吳先師那天穿錯了衣裳。往常拍照，先師穿一套灰色中式褲褂，那天他卻穿了一身白紡綢褲褂，結果照片全報廢了。至今我仍保留了幾張，做為紀念。每次拍照都要在中午十二時之前結束，我們師徒照例繼續沿萬壽山東麓西行，經銅亭（景點）到達排雲殿（頤和園的最高景點）。然後由排雲殿沿階落山。到達地面後，在聽鸝館中餐廳飲茶用午飯。如果時間較早，就出頤和園搭公交車返回動物園。那時動物園東側新建一座蘇聯展覽館（今北京展覽館）。館西側有間莫斯科西餐廳。吳先師最喜歡吃俄式奶油烤魚和罐悶牛、羊肉。喝上二兩茅台或竹葉青酒。半天的疲勞已消除大半了。酒足飯飽之後，再送吳先師回家休息。

二十世紀八十年代之後，攝影器材先進了。在香港也可以買到了。我添置了八厘米電影機。膠片是美國柯打廠（Kodak）生產的袖珍型電影片。這種片分室內用及室外用兩種，是彩色的。影片三分鐘一卷。照完要寄去美國原廠沖印。這樣所有的設備包括：照明燈、接片器、放映機、銀幕都要配齊。照相機更不用說了，用的都是專業高性能的。自己家裡設了暗室，由家屬沖印、放大。到了九十年代，又改用攝像機和錄影機。由自己錄製、配音、編輯。因此在那些年代裡，我為吳圖南先師和一些著名的武術大師們，攝製了很多珍貴的拳照和生活照。數十年過去了，老前輩都已仙逝。每當回憶往事或者看到這些圖像時，就彷彿又回到老前輩身邊。緬懷那歡快又極其艱苦的日子，思緒萬千又倍感欣慰。因為我做了許多我應該做的事。我在《吳圖南太極功》的"遠古世傳太極功"序言裡寫道："余半生坎坷，歷經多次險峻之社會動盪。惟最痛心者，目睹眾武術耆老，貧病潦倒乏人照顧而相繼去世。歟國寶之凋謝，決心搶救繼承。故余窮半生之精力與財力，供養維護諸前輩宗師，並加速苦練，繼承中華瑰寶。人憎我愛，人棄我取，孜孜終日，從無間斷。經數十年之努力，始有今日之渺小成就。非未竭盡所能，實心有餘而力不足也。然每於靜思反己之時，仍悠然自得。蓋無愧於斯道也。"

關於太極功系的統序問題，"統序"是太極功一脈相承的系統。這個系統是一代又一代師徒相承或父子相繼的。古譜《太極功》就是明朝時宋遠橋所記載的太極功的"統序"。宋遠橋以其親身經歷及友好助述之史料，以上溯記實的筆法，緒記了他與俞蓮舟、俞岱岩、張松溪、張翠山、殷利亨、莫谷聲共七人，受業於張三丰先師之經過。由此上溯至宋時俞蓮舟之上祖俞清慧、俞一誠及旁系之宋仲殊、程珌等。再上溯至唐時之李道子、許宣平、胡境子等，再上溯至南北朝梁時之程靈洗及其師韓拱月。更以道儒二家之學與太極功盡性立命之本旨，上溯論及漢時之東方先生，至推溯至孟子。這個統序的流傳已近兩千年。其間雖有繼者亦有斷耳。但太極功始終生生不已、永續長存。吳圖南先師和我所撰寫的"太極功歷代先師之造詣"及"太極功歷代先師的技擊應用簡介"（見《吳圖南太極功》和《吳圖南嫡傳打手要法》）這兩篇文章，其內容和所記載的，就是太極功代代相傳、一脈相承的統序。這個統序與唐時韓愈所做《原道》，關於道的"系統說"，即：堯、舜、禹、湯、文、武、周公、孔、孟的統序相類同的。

太極功既有統序，故不輕易傳人。宋遠橋在《太極功》緒記裡說道："先師何以傳至予家也，卻無論遠近親朋自家傳者賢也。遵先師之命不敢妄傳。後輩如傳人之時，必須想予緒記之心血與先師之訓誨而已。"宋遠橋還提出了十不傳之條件，即："一、不傳外教（外教指邪教而言）、二、不傳無德、三、不傳不知師弟之道者、四、不傳收不住的、五、不傳半途而廢的、六、不傳得寶忘師者、七、不傳無納履之心者、八、不傳好怒好慍者、九、不傳外欲太多者、十、不傳匪事多端者。"

余在《吳圖南太極功》書裡寫道："吳先師承傳之太極功法與楊少侯用架（快拳），從未輕易示人。因遵古訓必須擇人而授，非有夙慧之人不可傳也。遠古世傳太極功，其理法奧秘深邃。如無脫胎換骨之精神、萬夫不當之勇氣、百折不回之毅力，則無研習太極功之基礎條件。若無大造化之緣分，終不能得其大成也。故吳先師一直秘而未傳，非不傳也。其後吳先師受友好及首長之敦請，於眾生中選馬有清為徒，秘傳太極功、用架（快拳）。故自馬有清起，始將太極功及用架絕學公諸於世。於門內擇人而授。"吳圖南先師在《太極拳之研究》首冊裡的"太極拳用架（1982年7月24日講話）"中說："這些功夫在我心裡藏了這麼多年。我的徒弟馬有清潛心向學，是個大學生，年青有為。經中央建築工程部前副部長陳雲濤〔註〕的介紹，拜我為老師。他是我生平僅有的一個徒弟，原來我是沒有正式徒弟的。他又不怕費力，虛心鑽研，純功下了三、四年。我看他很誠意，是很好的學生，所以我就把這個用架傳授給他了。"故吳圖南先師是謹遵古訓，以更嚴格的條件選徒，包括：他的出身、年齡、學歷、資歷、拳歷、智商、相貌、性格、品德等。實際上如果不從多方面去考察和挑選接班人，則終將半途而廢，功敗垂成。

至於師徒問題，"師徒"指的是師傅和徒弟的合稱。韓愈《師說》："師者所以傳道授業解惑者也。"所謂"徒"者，從師學道藝的人也。長久以來，中華民族在文化、藝術、醫學、工藝、武技等各個領域內，以"師徒"這種形式進行授受和承傳是主要的模式和習俗。師徒關係也是中華民族倫理道德的重要內容。"天、地、君、親、師"，這種說法一直在民間流傳。中國武術和太極拳的多家門派至今有的仍沿襲收徒的習俗。收徒的事在各家仍是相當嚴肅和謹慎的。如果學生深受老師喜愛，學生也立志要求拜師入門，照例要先請出兩位介紹人。拜師時還要有證明人。請出的介紹人和證明人，一般都是這個門派內的長輩或同輩人擔任。拜師的人要寫拜師帖。上面清楚寫明自己的三代（祖父、父親和自己）的姓名、職業和年齡等。還要寫清楚自己的心願和承諾。這件事要全體門人討論，無異議了才舉行拜師禮。參加觀禮的除了自家門人之外，還要邀請旁門友好參加，拜師者要擺酒設宴，宣讀帖文，行叩拜禮。這樣才算建立了師徒關係。自此師傅應傾囊而授，盡心傳技；徒弟應勤學苦練，孝敬師傅甚至要養老送終。徒弟之中還要分別"入室"和"不入室"的。所謂"入室"，是比喻徒弟的學問或技能獲得師傅，達到了高深的地步。《晉書・楊軻傳》説："雖受業門徒，非入室弟子，莫得親言。"故入室的徒弟必須始終不移的追隨師傅。要與師傅建立深厚的感情。所謂"師徒如父子"應該説"師徒情逾父子"。徒弟與師父的情誼要超過他的兒子，才能獲得真傳。至於沒有拜師入門的只能稱"學生"，不能稱為"徒弟"。至於連學費都不交，跟着眾人跑的稱為"追隨者"。送點禮、合個影的稱"拳迷"。這與"徒弟"和"入室弟子"不可同日而語，差別大矣。

吳圖南先師仙逝後，有很奇怪的事發生，就是海內外自稱是"吳圖南徒弟"的人日愈增多。我認為這些人都不是"徒弟"，而是假冒偽劣者。問題的嚴重性不僅是在所謂的名義上，重要的是這些人並未獲得吳先師之真傳。有的甚至曲解吳先師的學説，損害吳先師的形象。正如吳圖南先師所講："研究太極拳，切不可巧立名目，以偽亂真。這不是研究科學的態度。否則走上邪路，就會得到春蠶自縛的結果。"以假亂真，就是"既冤枉了古人，又欺騙了今人，更貽害了後代。"總之，廣大同道及讀者，對現時的情況，不可不詳辨焉。

吳圖南先師與夫人劉桂貞（畫家）無子女，生前入室徒兒僅余一人。二老的生養死葬，余責無旁貸。1985年我給二老在北京西郊萬安公墓內，按二老的願望修建了墓地。二老仙逝前，曾立有遺囑，並且做了涉外公證。從法律上確立了我們的師徒和義子的關係，並授權馬有清全權處理他們身後的一切事宜。2005年適逢吳圖南師父冥壽一百二十歲壽辰，我又修葺了墓地，以慰師父和師母的在天之靈。

馬有清
2005年清明節於香港

〔註解〕

　　陳雲濤先生(1906～1978)，山東省黃縣人。前中央建築工程部副部長。業餘螳螂拳家。是著名螳螂拳家單香陵的師兄弟。陳雲濤先生熱心於武術事業。他曾遍訪各地武術大師，和他們交往，關懷他們的生活和傳技的情況。凡是有困難的，他都盡力予以幫助解決。他看到老武術名家身懷絕技，但後繼無人的，就在青年優秀武術運動員中物色人才。他自己當介紹人，鼓勵年青一代認真繼承。1962年11月25日，編著者拜吳圖南先生為師，陳雲濤就是我們師徒的介紹人。1961年11月20日，編著者應中央建築工程部邀請，在北京西直門外二里溝國務院招待所內，為該部幹訓班教授太極拳。學員由處長級到司局長和部長級。三年多時間，共教授五期，每期一百二十人至一百六、七十人。該部的領導人劉秀峰、賴際發、陳雲濤都參加了學習。1961年開班前，我寫出《太極拳動作解說》一書，做為該班講義。由中國工業出版社印製。陳雲濤先生題寫封面書名。因遵師之故，該書並未署編著者之名。陳雲濤先生造詣很深，能練、能打，講求武術之實效。他曾將山東省的六合螳螂拳和梅花螳螂拳，介紹到北京傳播。陳雲濤先生熱心公益，平易近人的作風，深得武術界人士的尊敬和愛戴。他曾寫過一些武術文章，如《雙錦拳》、《長拳小活燕》、《螳螂拳史料》等，編著者至今仍珍藏以做紀念。

商務印書館出版

太極泰斗 吳圖南著　馬有清 編

【太極拳之研究】系列

1. 《太極拳概論》
ISBN 978 962 07 5024 3

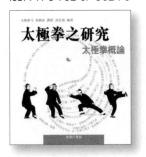

2. 《吳圖南太極功》
ISBN 978 962 07 3163 1

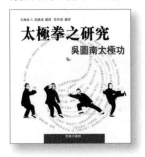

3. 《吳圖南嫡傳打手要法》
ISBN 978 962 07 3164 8

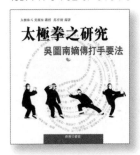

4. 《太極拳用架 (快拳) 詳解》
ISBN 978 962 07 3172 3

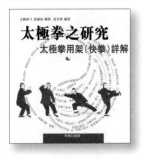

5. 《行功 (慢架)、打手法》
ISBN 978 962 07 3173 0

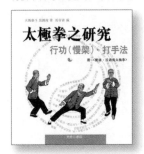

6. 《太極功玄玄刀》
ISBN 978 962 07 3176 1

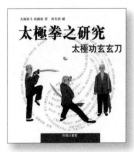

7. 《太極劍》
ISBN 978 962 07 3392 5

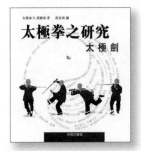